우리 아이 잘 먹게 해주세요

똑순이 엄마들을 위한 맞춤 레시피북

요리 이미경

이 책을 보는 법

"아침은 대강 먹이고 점심은 급식으로 떼우고
학원 돌며 집 밖 간식으로 허기를 채우는 우리 아이들을 위해
아이의 성장에 딱 맞는 영양식과 수제 간식을 먹이겠다고 다짐한 똑순이 엄마들을 위한
맞춤 레시피북입니다.

밥 해먹고 남은 재료와 아이들이 좋아하는 재료,
엄마들이 먹이고 싶은 재료를 다양한 조리법으로
후다닥 만들 수 있는 건강밥과 간식, 주말에 아이들과 함께 만드는 캐릭터 도시락 등으로
아이를 춤추게 할 엄마 스타일 요리상을 차렸습니다."

1 밥숟가락과 종이컵 계량법으로 계량하였습니다.

2 대체 식재료를 표기하여 반드시 그 재료가 없어도 집에 있는 다른 재료를 활용할 수 있어 요리의 폭이 넓어집니다.

3 이 책에는 아이들의 건강한 성장을 돕는 식재료에 대한 자세한 설명도 함께 소개합니다.

4 요리연구가가 터득한 노하우를 쿠킹 팁을 통해 공개합니다.

5 요리를 만들면서 따라 하기 쉽도록 양념의 분량을 과정에서 다시 한 번 소개하였습니다.

6 책을 보면서 따라 하기 쉽도록 각각의 재료를 세로로 나열하였습니다.

7 4개에서 6개를 넘지 않는 조리 과정으로 구성하였으며, 친절한 과정 사진이 모든 요리에 소개되어 누구나 쉽게 따라 할 수 있습니다.

contents

이 책을 보는 법 … 02
이 책의 계량법 밥숟가락&종이컵 계량법 … 04
엄마의 요리 노트 I 우리 아이 지키는 엄마 요리 … 05
엄마의 요리 노트 II 아이밥에 꼭 필요한 10대 식재료 … 06
엄마의 요리 노트 III 직접 만들어 먹이면 좋은 엄마표 안심 먹을거리 … 08

Chapter 1 아이밥

콩가루말이 밥 … 11
꼬투리 김밥 … 12
참치 깻잎 김밥 … 13
토마토 볶음밥 … 14
잣 베이컨 볶음밥 … 15
쇠고기 브로콜리 볶음밥 … 16
축구공 주먹밥 … 17
연어 소보로밥 … 18
모자이크 냉이김밥 … 19
달걀 오믈렛과 버섯불고기 도시락 … 20
붕어 모양밥과 닭고기 채소조림 도시락 … 21
파스타 그라탱 … 22
쟁반 짜장 … 23
팟타이 … 24
단호박 수제비 … 25
고구마 기장죽 … 26
유부맑은국 … 27
마른 홍합미역국 … 28
북어 감자국 … 29
조개 쑥국 … 30
감자전 … 31
참치 두부부침 … 32
게살 치즈 달걀말이 … 33
보들보들 달걀찜 … 34
오이 백김치 … 35
코다리 간장조림 … 36
밤고기 완자조림 … 37
모둠 채소조림 … 38
닭 마늘조림 … 39
두부 강정 … 40
콩나물 채소만두 … 41
스마일 라이스 오믈렛 … 42
다시마 잡채 … 43
유부 보따리 … 44

Chapter 2 아이 간식

피자 위 샐러드 … 46
두부 피자 … 47
불고기 피자 … 48
케이준 치킨 샐러드 … 49
하와이안 햄버그 … 50
닭 가슴살 크랜베리 샌드위치 … 51
참치버거 샌드위치 … 52
과일 춘권튀김 … 53
깐풍기 … 54
아이용 라조기 … 55
삼겹살 미니 꼬치구이 … 56
오렌지맛 치킨구이 … 57
치킨 트위스터 … 58
떡을 넣은 꼬치 미트로프 … 59
바비큐 폭찹 … 60
오징어링튀김 … 61
양파링튀김 … 62
치즈 감자구이 … 63
고구마 크로켓 … 64
떡 버섯찜 … 65
두부 햄 커틀릿 … 66
빨간 코 호떡맨 … 67
캐릭터 케이크 야옹이 … 68
양파 파운드케이크 … 69
모양 컵케이크 … 70
초코 크랙 쿠키 … 71
대추 약식 … 72
토마토 양갱 … 73
엄마표 치즈 … 74
바나나 프렌치 토스트 … 75
딸기 프로즌 요구르트 … 76
도련님 우유 빙수 … 77
초콜릿 아이스크림 … 78

이 책의 계량법

밥숟가락 & 종이컵 계량법

가루 재료 계량하기
소금, 설탕, 고춧가루, 후춧가루, 통깨…

 1은 밥숟가락으로 수북하게 떠서 위를 편평하게 깎은 양

 0.5는 밥숟가락 절반 정도의 양

 0.3은 밥숟가락 1/3 정도 담은 양

액체 재료 계량하기
간장, 식초, 맛술…

 1은 밥숟가락을 가득 채운 양

 0.5는 밥숟가락 절반 정도의 양

 0.3은 밥숟가락 1/3 정도 담은 양

장류 계량하기
고추장, 된장…

 1은 밥숟가락으로 수북하게 떠서 위를 편평하게 깎은 양

 0.5는 밥숟가락 절반 정도의 양

 0.3은 밥숟가락 1/3 정도 담은 양

종이컵으로 액체 재료 계량하기

 1컵은 종이컵에 가득 담은 양으로 200㎖에 조금 부족한 양

 1/2컵은 종이컵의 중간 지점에서 살짝 올라오도록 담은 양

기억해두세요!

다진 마늘 1개 = 0.5밥숟가락
다진 파 1/4대 = 2밥숟가락
다진 양파 1/4개 = 4밥숟가락

1.5는 한 숟가락 + 반 숟가락.
약간은 엄지와 검지로 소금이나 후춧가루를 집을 수 있는 정도의 소량. 약간이라 표기되어 있어도 입맛에 맞게 간을 조절하세요.

엄마의 요리 노트 I

우리 아이 지키는 엄마 요리

과자, 패스트푸드, 탄산음료, 초콜릿…. 성장기 아이들은 잘 먹어야 합니다.
그런데 어린이 입맛이라는 표현이 있듯 아이들이 좋아하는 음식들은 어른들이 보기에는
너무나 위험한 것들이 많아요. 아이에게도 입맛과 좋아하는 식생활이 있는데,
몸에 좋지 않아도 못 먹게 할 수도 없는 노릇이죠. 그래도 아이에게 먹이는 음식의 원칙은 정해두어야 해요.

일하는 엄마, 여진맘의 아이 요리 원칙

1 하루 세끼를 정해진 시간에 먹게 하고 두세 번의 간식을 먹인다 균형 잡힌 영양의 세끼 밥은 아이의 성장을 돕는 기본. 주식을 잘 챙겨 먹이고, 간식에서는 주식에서 부족한 영양소를 중심으로 챙겨 먹인다.

2 아침을 거르지 않고 먹인다 아침잠이 많다거나 일하는 엄마라 출근 시간이 빠듯하다고 해서 아이의 아침을 굶기지 않는다. 아침을 먹어야 두뇌 활동이 활발해져 학습 의욕이 향상된다.

3 간식은 가능한 한 직접 만들어 먹인다 아이들이 좋아하는 인스턴트식품이나 과자, 탄산음료로부터 건강을 지킬 수 있는 길은 직접 만들어 먹이는 것. 아이들이 좋아하고 자주 찾는다고 육류 위주나 튀김 요리, 분식 위주의 간식 편식도 금물이다.

4 아무거나 먹이지 말고 도움이 되는 음식을 골라 먹인다 단백질, 칼슘, 비타민과 무기질, 당분, 지방 5대 영양소를 골고루 섭취할 수 있는 메뉴를 짜서 세끼와 간식 때 적절히 섭취할 수 있게 한다.

5 성장기 아이에게 꼭 필요한 칼슘을 고려하여 식단을 짠다 아이의 뼈와 골격 성장을 돕는 칼슘이 부족하지 않도록 챙긴다.

6 키는 키우고 몸무게는 줄이는 조리법으로 간식을 만든다 먹을거리가 풍부한 시대를 사는 요즘 아이들은 소아 비만에 노출될 위험이 높다. 자칫하면 성인병을 부르는 소아 비만이 되지 않도록 엄마의 식단 관리가 필요하다.

7 외식의 횟수를 줄인다 외식을 하면 과식을 하거나 조미료, 가공식품 등에 노출될 위험이 높으니 가급적 외식을 줄이고 집밥을 먹인다.

8 탄산음료를 대신할 건강 음료를 준비한다 카페인이 든 탄산음료 대신 우유나 요구르트 등의 유제품이나 두유, 직접 만든 신선한 과일과 채소 주스를 먹인다.

Q&A 우리 아이 어떻게 해야 할까요?

엄마가 공들여 음식을 만들어 준다고 고분고분 받아먹는 아이들만 있는 것은 아니지요. 밥은 본체만체하고 간식만 찾거나 간식조차 입에 안 대는 그런 아이들을 둔 엄마들을 위한 Q&A입니다.

Q 밥은 본체만체하고 인스턴트 간식과 과자만 찾아요.
A 먼저 집에서 인스턴트 간식과 과자를 치우세요. 그다음 아이가 좋아하는 식재료를 다양한 조리법으로 만들어 음식에 대한 흥미를 유발하여 밥을 먹게 하세요. 밥도 안 먹었는데 안쓰럽다며 아이가 좋아하는 인스턴트 간식과 과자를 준다면 아이의 식생활은 바로잡기 힘들어져요. 일정한 식사 시간에 정해진 시간 안에 음식을 먹도록 훈련시키는 것이 중요해요. 처음에 바로잡기는 힘들지만 엄마가 세운 원칙을 아이가 따라올 수 있도록 배려하세요. 다만 아이에게 강제로 밥을 먹이면 거부감이 생길 수 있으니 주의하세요. 아이도 컨디션에 따라 평소보다 밥을 더 먹고, 덜 먹을 수도 있거든요.

Q 아이에게 카페인이 든 음료는 왜 나쁜가요?
A 카페인은 아이들이 즐겨 마시는 탄산음료인 콜라나 초콜릿, 커피맛 음료, 녹차 아이스크림 등에도 포함되어 있어요. 아이들의 카페인 섭취가 문제가 되는 이유는 다른 음식에 함유된 칼슘과 철분 흡수를 방해하기 때문이에요. 카페인에 민감한 아이들이 카페인을 섭취할 경우에는 불안이나 두통, 신경과민 등의 부작용이 나타날 수 있고 과다 섭취할 경우에는 집중력을 떨어뜨릴 수도 있다고 합니다.

Q 아이가 채소는 보기만 해도 질색해요. 채소를 어떻게 먹여야 할까요?
A 엄마의 작전이 필요한 순간이에요. 채소를 잘게 다져 주먹밥이나 김밥, 볶음밥, 유부초밥 등을 만들어 먹이세요. 또 간장으로 간을 한 맵지 않은 채소 과일 비빔국수 같은 별식도 좋아요. 채소와 과일을 섞은 주스를 갈아줘도 좋고요. 아이들과 함께 요리를 만들어보는 것도 좋은데, 아이들이 채소를 직접 만져보다 보면 친숙해지거든요. 직접 요리를 하게 되면 아이들은 어떤 맛일지 궁금해지면서 채소를 먹기 시작합니다.

Q 우리 애는 고기를 잘 먹지 않으려고 해요.
A 아이들은 고기의 질긴 맛을 싫어하는 편이에요. 고기는 질기거나 기름이 많은 부위를 잘 제거해서 살코기로 준비해 요리하거나 곱게 다져서 먹기 좋게 만들어보세요. 불고기는 되도록 얇게 썰어 양념해서 볶으면 부드럽게 먹을 수 있고 파인애플이나 사과, 키위 등으로 재우면 육질이 부드러워져요. 돼지고기는 안심이나 등심 등 기름이 적은 부위로 튀기거나 장조림을 만들어주세요. 곱게 다진 쇠고기는 채소와 섞어서 앙증맞은 크기의 미트볼을 만들어 조리거나 구워도 좋아요. 닭고기는 안심이나 가슴살을 삶거나 구워서 얇게 찢어서 요리하세요.

Q 왜 밥을 먹지 않으려 하는 걸까요?
A 아이들도 어른들처럼 밥에 대한 취향이 있어요. 차진 밥을 좋아하는 아이도 있고 찰기가 없는 밥을 좋아하는 아이도 있어요. 일단 아이들이 어떤 밥을 좋아하는지부터 파악하세요. 현미밥이나 잡곡밥은 건강에 좋지만 아이들은 어른보다 소화력이 떨어지므로 아주 조금씩 섞어 먹이세요. 다양한 조리법으로 밥에 흥미를 유발하는 것도 좋은 방법이에요.

Q 우리 아이는 너무 많이 먹어서 걱정이에요. 어린이집에 다니면서 식탐도 생겼고, 소아비만이 될까봐 불안해요.
A 식사 때와 간식 시간을 정하고 그 시간을 지키세요. 또 아이용 그릇에 먹을 만큼씩 담아서 아이를 위한 상을 차려주는 게 중요해요. 식탐이 있는 아이들은 대부분 급하게 먹는 습관이 있는데 아이에게 꼭꼭 씹어서 천천히 먹는 습관을 길러주세요. 천천히 먹게 되면 포만감이 생겨서 적게 먹는답니다.

Tip 어린이를 위한 하루 영양 섭취 기준

남		여	
6~8세	9~11세	6~8세	9~11세
1,600㎉	1,900㎉	1,500㎉	1,700㎉

자료·서울시 식생활정보센터 www.seoulnutri.co.kr

엄마의 요리 노트 II

아이 요리에 꼭 필요한 10대 식재료

장바구니에 어떤 재료를 담으세요? 유기농 채소, 한우?
성장기 아이들에게는 꼭 필요한 영양을 공급하는 주요 식재료가 있어요.
아이들의 성장과 두뇌 발달을 돕는 아이를 위한 10대 식재료를 소개합니다.

1. 쇠고기

양질의 필수아미노산과 철분 등을 함유한 쇠고기는 성장기 아이에게 꼭 필요한 필수 식재료. 성장기 어린이는 하루에 2~3g의 단백질이 필요한데, 쇠고기에는 15~20%의 단백질이 함유되어 있다.

활용법
- 등심, 안심, 양지(차돌박이), 채끝, 갈비, 우둔_구이나 산적
- 등심, 목심, 채끝, 우둔_불고기
- 목심, 양지_국거리
- 안심, 갈비, 사태_찜

고르는 법
밝은 선홍색을 띠며 지방색은 우윳빛으로 유백색을 띠고 있으며 윤기가 도는 것일수록 신선하다. 고깃결은 섬세하면서도 탄력이 있고 지방은 고르게 분포되어 있는 게 부드럽고 맛이 좋다.

보관법
한 번에 필요한 부위를 골라 먹을 만큼만 구입한다. 구입 후 고기를 냉동 보관할 경우 얼음 결정체가 생겨 식육세포가 파괴되고 해동할 때 과도한 육즙 손실로 인해 육질이 떨어지므로 가급적 진공 포장해 0~4℃에서 10~14일 정도 냉장 보관하면 자연 숙성돼 고기가 부드럽고 맛도 좋아지는데 김치냉장고에 보관하면 좋다.

2. 닭고기

풍부한 단백질은 두뇌 활동을 촉진시키며 소화와 흡수가 잘된다. 또 따뜻한 성질을 지녀 위와 장을 보호하지만 다른 육류처럼 비타민과 무기질이 부족하기 때문에 가급적 채소와 함께 섭취한다.

활용법
- 다리살_튀김, 꼬치, 양념구이, 찜
- 가슴살&안심_튀김, 구이, 조림, 샐러드, 스테이크
- 날개_튀김, 구이, 조림, 국, 전골, 수프

고르는 법
살은 밝은 분홍빛이 돌며 만져보았을 때 두툼하고 푹신한 감촉이 들고 단단하고 윤기가 있는 것을 고른다. 투명하고 광택이 있는 크림색의 껍질에는 주름이 많고 오톨도톨 모공이 솟아 있으며 눌러봤을 때 살에 탄력이 있고 수분기가 느껴지는 것이 신선하다.

보관법
구입해서 밀폐용기에 담아 바로 냉장 보관하는 것이 가장 좋지만 바로 조리하지 않으려면 고기 표면에 식용유를 살짝 바르고 랩을 씌워두면 수분 증발은 물론 외부 공기와의 접촉을 효과적으로 막아 3~4일 정도는 신선하게 보관할 수 있다.

3. 견과류

풍부한 불포화지방산은 뇌신경 세포를 성장시키고 비타민 E는 두뇌 활동을 활발하게 하는 두뇌에 좋은 재료이다.

활용법
- 마른 팬에 볶거나 오븐에 구워 하루에 1줌씩 간식 삼아 먹는다.
- 샐러드나 강정, 베이킹 등에 넣는다.
- 육류 요리를 만들 때 곱게 다져서 양념에 넣거나 통깨처럼 뿌려 먹는다.

고르는 법
땅콩은 껍데기가 잘 부서지지 않고 껍데기 안쪽이 흰색을 띤 것이 좋다. 호두는 표면이 올록볼록한 것일수록 맛있고 딱딱한 겉껍데기가 연한 황색으로 깨물었을 때 속이 꽉 차 있고 속껍질이 얇은 것이 좋다. 잣은 흰색 가루가 묻어 있거나 색깔이 갈색으로 변한 것은 시간이 꽤 지난 것이므로 구입하지 않는다.

보관법
먹을 만큼 구입하여 냉장이나 냉동 보관하고 팩으로 포장해 공기의 접촉을 차단하는 것이 좋다.

4. 멸치

바다에서 온 칼슘의 왕. 단백질과 칼슘이 풍부하며 골격과 치아 형성, 세포 조직을 구성하는 역할을 하는 무기질 성분을 함유하고 있다.

활용법
- 굵은 멸치_내장과 머리를 떼어내야 비린 맛을 줄일 수 있다. 국물을 낸 멸치는 물기를 빼고 햇볕에서 잘 말려 양념에 무쳐 먹거나 기름에 바삭바삭 튀기거나 햇볕에 바짝 말려 믹서나 강판에 갈아 덮밥이나 비빔밥 위에 뿌려 먹는다.
- 잔멸치_주로 볶아 먹는다. 체에 밭쳐서 흔들어 먼지를 털어낸 다음 면포로 잘 닦는다. 볶을 때는 마늘과 청주를 넣어야 더욱 맛있고 오래 두고 먹을 수 있다.
- 중간 멸치_머리와 내장을 빼고 반 갈라 뼈를 발라낸 다음 젖은 면포에 잘 닦아서 팬에 볶아야 시간이 지나도 딱딱해지지 않으며 윤기가 오래간다.

고르는 법
머리가 떨어졌거나 배가 터져 내장이 밖으로 나왔거나 많이 부서진 것은 신선도가 낮은 멸치를 가공한 것이거나 지나치게 마른 것이므로 구입하지 않는다. 또한 축축하거나 겉면에 누렇게 기름이 배고 허옇게 염분이 핀 것도 신선도가 떨어지는 것이다. 맛을 봤을 때 짠맛이 강하지 않고 고소한 맛이 나야 한다. 색은 잔멸치는 흰색이나 파란색이 살짝 도는 투명한 것이 좋고 중간 멸치와 큰 멸치는 은빛이 나고 맑은 기운이 도는 것이 상품이다. 특히 은빛이 나는 멸치로 국물을 내면 맛이 담백하고 구수하다.

보관법
꼭 손질하여 밀폐용기에 담아 냉동 보관해야 변질되지 않고 멸치 고유의 맛을 유지할 수 있다.

5. 시금치

시금치는 칼슘과 철분, 요오드 등이 풍부하여 성장기 어린이와 임산부에게 권장하는 대표적인 알칼리성 식품이다.

활용법
- 살짝 데쳐서 기름에 무쳐 먹는다. 데치는 과정에서 수산이 제거되고 기름에 무치면 베타카로틴이나 비타민 K 등 지용성 성분의 흡수를 도울 수 있기 때문이다. 아이에게 먹일 요량이라면 시금치만 무치지 말고 두부를 으깨거나 땅콩 등의 견과류를 다져 마요네즈 소스에 무친다.

고르는 법
잎이 선명한 녹색을 띠고 뿌리부터 빽빽하게 나 있는 것이 좋다. 줄기가 부드러운 것을 고르고 뿌리 부분이 짧고 붉은색을 띠는 것이 싱싱하다. 국거리로 사용할 때는 잎이 넓고 줄기가 긴 것이 좋고 나물로 무쳐 먹을 때는 길이가 짧고 뿌리 부분이 붉은 것이 달고 고소하다.

보관법
신문지나 키친타월에 싸서 분무기로 물을 뿌려 냉장고 채소칸에 뿌리 쪽이 아래로 가도록 세워 보관하면 2~3일은 더 보관할 수 있다. 그 이상 보관할 때에는 데쳐서 물기를 꼭 짜서 비닐팩에 담아 냉장 보관한다.

6. 된장

우수한 단백질과 철분, 인, 칼슘 등 무기질 등을 풍부하게 함유한 건강 식재료. 콩보다 소화가 잘되는 항암 식품으로도 알려져 있다.

활용법
- 된장이 너무 오래되어 수분이 말라 빽빽하다면 물을 섞지 말고 감자를 갈아 그 즙을 섞으면 좋다. 감자의 수분과 전분 성분이 더해져 부드러운 된장맛을 즐길 수 있다.
- 요즘은 시판 된장을 많이 사용하는데 단맛이 강할 경우에는 고춧가루를 더해 칼칼한 맛을 더한다. 단맛이 조금 누그러지면서 느끼한 맛도 없어진다.
- 색이 조금 진하지만 단맛이 약한 집된장과 색이 곱고 단맛이 진한 시판 된장을 1:1 비율로 섞으면 맛이 한결 좋아진다.

고르는 법
된장은 요리법에 따라 구입하거나 만들어 사용한다. 진한 맛을 내는 된장찌개에는 집된장으로, 싱겁게 먹어야 하는 된장국이나 무침 등에는 시판 된장을 사용한다.

보관법
된장을 푸고 나서는 반드시 숟가락으로 꾹꾹 눌러 공기와의 접촉을 최대한 줄여야 갈변 현상을 막는다. 또한 보관 기간을 늘리고 싶다면 조그만 통에 먹을 분량을 조금씩 나누어 담아 냉장 보관한다. 곰팡이나 맛이 변하는 것을 방지하려면 김을 여러 장 겹쳐 된장 위에 덮어놓는다. 만약 곰팡이가 피었다면 숟가락을 깨끗하게 소독해 곰팡이를 걷어낸 후 식초를 숟가락 뒤에 발라 된장을 눌러주고 햇볕을 보여주면 곰팡이가 없어진다.

7. 우유 및 유제품

필수영양소와 뼈의 성장과 건강을 책임지는 칼슘 함유량이 높은 우유와 요구르트, 치즈 등은 성장기 종합영양제. 특히 우유에는 칼슘 흡수를 촉진하는 유당이 함유되어 있다.

활용법
- 수프나 카레 등을 끓일 때 넣는다.
- 그대로 마시기도 하지만 딸기나 바나나 등의 과일을 넣어 갈아주면 천연 맛의 과일우유가 된다. 시판되는 과일우유 등은 가공유로 향이나 색깔을 첨가하거나 원유가 아닌 분유 등으로 만든다는 점을 기억할 것.

고르는 법
적정 냉장 온도로 보관되어 있는지와 유통기한을 반드시 확인한다.

보관법
개봉한 우유를 냉장고에 보관할 때에는 입구를 완전히 막아 다른 음식물 냄새가 스며들지 않도록 한다.

8. 달걀

양질의 단백질과 비타민, 철분 등을 함유한 영양 식재료. 단 비타민 C를 거의 함유하고 있지 않으며 인의 함량이 지나치게 많은 산성식품이므로 채소와 함께 먹는 게 좋다.

활용법
- 달걀은 끓는 물에 13분 정도 삶으면 완숙이 되고 8~10분 정도 삶으면 반숙이 된다. 삶은 후에 찬물에 빨리 식혀야 껍질도 잘 벗겨지고 노른자가 녹변화되지 않는다.
- 달걀 프라이는 센 불에서 너무 오래 익히면 뻣뻣해서 맛이 없으니 중간 불에서 부드럽게 익힌다.

고르는 법
파손이 없고 깨끗하며 타원형인 것을 선택한다. 흔들어봤을 때 소리가 나거나 안쪽이 흔들리는 것은 구입하지 않는다.

보관법
달걀은 둥근 부분이 위로 올라오게 해서 보관해야 노른자가 정중앙에 안정된 형상을 유지하고 호흡할 수 있다.

9. 감자와 고구마

감자는 양질의 단백질과 철분, 칼륨이 풍부하며 고구마에는 섬유소가 많아 변비에 좋고 칼륨이 풍부하여 염분을 몸 밖으로 배출시킨다.

활용법
- 오븐에 구워 먹는다.
- 굽거나 삶아 으깨어 우유나 마요네즈를 약간 섞어 샐러드로 만들어 먹는다.

고르는 법
감자는 껍질의 색이 일정하고 두께가 얇으며 표면에 흠집이나 검은 반점 같은 자국이 없는 것이 좋다. 고구마는 마른 땅에서 자란 고구마가 영양분이 많고 맛이 좋은데 고구마에 묻은 흙을 보고 습한 땅보다 마른 땅에서 캐낸 고구마를 선택한다. 색이 옅은 것보다는 진한 것이 맛있다.

보관법
감자는 신문지에 싸서 통풍이 잘되는 장소에 보관하고 사과와 함께 보관을 하면 싹이 나지 않는다. 고구마는 냉장 보관하면 고구마의 당분이 녹말로 바뀌어 달콤한 맛이 줄어들기 때문에 구입하면 햇볕에 말려 신문지에 싸서 상자에 담아 어둡고 공기가 잘 통하는 실온에서 보관하는 것이 좋다.

10. 두부

콩은 쇠고기보다 지방 함량은 적고 칼슘 함량은 높아 '밭에서 나는 고기'로 불린다. 콩으로 만든 두부는 콩보다 소화가 잘되며 여러 요리에 두루 활용할 수 있다.

활용법
- 지짐용, 찌개용, 생식용 등 용도에 따라 두부를 고른다. 찌개에 사용할 때는 부드러운 두부, 부침에 사용할 때는 단단한 두부를 사용한다. 또 두부는 오랜 시간 가열하면 단백질이 단단해지니 센 불에서 오래 익히지 않는다.

고르는 법
제조일자를 꼭 확인하고 포장에 적혀 있는 식품 첨가물을 꼼꼼히 확인하고 구입한다.

보관법
구입한 즉시 냉장 보관한다. 고소한 맛을 그대로 유지하려면 수분이 있어야 하므로 두부를 밀폐용기에 담고 찬물을 부어 보관한다. 매일 깨끗한 물로 바꿔주면 이틀 정도는 신선하게 보관할 수 있다.

엄마의 요리 노트 Ⅲ

직접 만들어 먹이면 좋은
엄마표 안심 먹을거리

요리하는 엄마라고 해서 맛보다는 건강을 중요시하는 밥상이나 간식을 매일 차려내는 건 아닙니다.
가끔은 아이가 먹고 싶어하는 과자를 사주기도 하고 친척들 모임에 나가면 어쩔 수 없이
먹게 되는 패스트푸드를 못 본 척 눈감아주기도 하니까요. 그렇지만 깐깐하게 챙기는 안심 먹을거리
몇 가지가 있어요. 음식의 기본이 되는 장류와 김치, 양념과 과일청은 직접 만들고
딸아이와 함께 농장 체험을 하거나 텃밭을 가꾸기도 합니다.

장류

된장 해마다 담기 힘드니 한 해 걸러 담근다. 가을에 좋은 콩을 골라 두었다가 찬바람이 불기 시작할 때 콩을 삶아 메주부터 만든다. 메주를 잘 띄워 그 다음 해 봄이 되기 전에 소금물을 풀어 메주를 넣어두었다가 물이 잘 우러나면 건져 으깨서 메주는 된장으로, 갈색으로 변한 소금물은 간장으로 사용한다. 된장을 좀 더 맛있게 먹고 싶은 해에는 메주를 소금물에서 좀 빨리 건지고 간장을 맛있게 먹고 싶을 때에는 메주를 좀 늦게 건져 진한 간장을 만든다.

고추장 고추장은 소량씩 담기 좋다. 가을에 마른 고추를 구입하여 고춧가루용으로 곱게 빻아서 준비했다가 만든다. 엿기름을 걸러 찹쌀을 넣어 푹 끓여 삭힌 다음 메주가루와 고춧가루, 소금을 넣어 잘 저으면 된다. 엿기름에 찹쌀을 끓이는 것이 번거롭다면 소금물을 끓여 현미조청을 넣어 끓이면 간단하게 만들 수 있다.

김치류

김장철에 담근 김치는 잘 보관하면 일 년을 두고 먹을 수 있는 든든한 식재료이다. 찌개나 볶음, 찜, 국으로 다양하게 먹을 수 있어 김장김치는 넉넉하게 담근다. 그리고 계절마다 별미 김치를 담아 함께 상에 내면 여러 가지 반찬이 필요 없다. 아이가 계절 김치를 즐겨 먹든 그렇지 않든 갖가지 김치가 있음을 알려주고 싶어 계절마다 다양한 별미 김치를 밥상에 올리려고 노력한다. 봄에는 얼갈이김치나 양파김치, 녹차 물김치를, 여름에는 오이소박이, 열무김치, 풋고추김치를, 가을에는 과일 나박김치, 더덕김치, 고들빼기김치를 담근다. 그러나 계절마다 담그는 별미 김치는 오래 두었다가 먹기에는 맛이 없고 김치라면 사족을 못 쓰는 아이도 많지 않으니 먹을 만큼만 조금씩 담근다.

양념류

천연조미료인 다시마나 표고버섯, 새우, 멸치는 집에서 쉽게 만들어 쓸 수 있는 천연조미료다. 다시마는 작은 크기로 잘라 밀폐용기에 담아두고 그대로 넣어 국물을 우리거나 조림, 볶음 요리에 넣으면 감칠맛이 난다. 마른 표고버섯은 씻어서 불려 사용하고 표고버섯을 우린 물은 국물 요리나 조림에 사용한다. 새우나 멸치는 살짝 볶거나 오븐에 구워서 사용하면 비린 맛 없이 천연 국물을 만들 수도 있다. 커터에 다시마, 마른 표고버섯, 새우, 멸치 등을 함께 갈아 조금씩 사용해도 좋다. '약방의 감초'처럼 갖은 요리에 사용하는 마늘은 김장철에 껍질을 벗겨 커터에 곱게 갈아 작은 지퍼백에 편평하게 담아 냉동 보관하고 해동해서 사용한다.

매실청 매실이 나는 초여름에 싱싱한 매실을 황설탕과 1:1의 비율로 재운다. 100일쯤 지나면 걸러서 병에 담아두었다가 설탕 대신 사용한다. 배탈이 났을 때 물에 타서 마시면 소화가 잘된다.

오미자청 늦여름에서 초가을에 생오미자가 나오면 매실처럼 흰 설탕과 1:1 배율로 재운다. 100일쯤 지나면 걸러 병에 담아두고 일 년 내내 음료수로 마신다. 겨울에는 따뜻하게 마시면 감기 예방에 좋고 여름철에는 수박이나 과일화채를 만들 때 넣으면 좋다.

여진맘의 단골 식재료상

사계절이 분명하여 계절마다 맛볼 수 있는 다양한 재료들이 있다. 동네 마트에도 분명 제철 식품이 보이지만 재래시장에 가보면 눈에 띄게 제철 식품들이 많다. 주로 시장을 보는 곳은 동네 오일장(사는 곳은 경기도 양평이다). 할머니들이 직접 수확해 조금씩 판매하는 식재

료를 눈으로 직접 확인하고 구입한다. 또 자주 가는 몇 군데 재래시장의 오일장을 알아두고 주말과 겹치면 아이와 함께 여행 삼아 장을 보러 간다. 일 년을 두고 먹는 콩, 깨, 고추, 마늘 등은 재래시장에서 구입한다. 좋은 재료를 구입했던 곳은 해마다 부탁하여 구입한다. 특히 콩은 메주를 만들어 된장도 담고 간장도 담그기 때문에 친인척을 동원하여 직접 콩 농사를 짓는 분들에게 해마다 구입하고 있다.

봄에는 딸기, 여름에는 참외, 수박, 가을에는 사과, 배, 포도를 직접 따고 맛보는 체험 행사에도 열심히 참여한다. 장 만드는 어느 기업에서는 해마다 유기농 텃밭을 분양하여 콩밭 가꾸기 체험을 진행하고 있다. 가족이 참가하여 농사 교육을 받고 콩을 심어 수확하고 그 콩으로 메주와 간장을 만든다. 도시에 살고 있다면 시에서 직접 운영하는 텃밭을 분양받아 주말농장을 체험해보면 좋다.

아이와 함께 가꾸는 베란다 텃밭

봄이 되면 아이와 함께 화원에 가서 모종 채소나 씨앗을 고른다. 쑥갓, 상추, 부추, 고추, 피망, 오이, 호박, 그리고 여러 가지 허브류. 씨앗을 뿌려 새싹이 나는 기쁨을 맛볼 수 있는 작은 텃밭이 있으면 더욱 좋겠지만 그렇지 않다면 모종을 추천한다. 상추나 쑥갓은 심으면 금방 자라기 때문에 잎이 자랄 때마다 조금씩 뜯어 샐러드나 샌드위치를 만들어 먹는데 여진이가 너무 좋아한다. 부추나 쑥갓은 그대로 두지 말고 줄기가 번질 수 있도록 자랄 때 조금씩 자주 잘라주어야 옆으로 퍼져서 오랫동안 싱싱한 채소를 맛볼 수 있다. 오이나 호박은 성장하면서 줄기가 길어지면 끈을 이용해 타고 올라갈 수 있도록 묶어주어야 한다. 피망이나 고추, 토마토 등은 다른 모종에 비해 벌레가 쉽게 생기는데 이럴 때에는 물에 커피를 진하게 타서 분무기에 넣어 뿌려준다. 허브류는 강한 향 때문인지 벌레가 잘 생기지 않으니 키워서 잎을 말려 허브차로 마시거나 여름철에는 찬물에 우리면 청량음료가 되고 고기를 재울 때 조금 넣으면 잡냄새를 없애준다. 베란다 텃밭을 이용해 채소를 기를 때에는 큰 화분에 심는 것이 좋고 화분이 없다면 택배용 스티로폼 박스를 모아 흙을 채워 사용해도 된다. 이것저것 여러 가지 채소를 키우겠다고 욕심을 내기보다 가족이 먹을 수 있는 채소를 몇 가지 정해 수확하는 기쁨을 누릴 수 있도록 한다. 특히 채소를 아주 싫어하는 아이들에게 베란다 텃밭은 좋은 먹을거리 학교가 된다.

Tip 채소와 과일 세척법

1. 속까지 깨끗이 씻어야 하는 과일
밀가루나 베이킹 소다를 뿌린 다음 흐르는 물로 씻는다.

2. 껍질을 벗겨 먹는 과일
식초와 물을 1:10의 비율로 섞어 20~30분간 담갔다가 흐르는 물에 씻는다.

3. 껍질이 있는 채소와 과일
과일 전용 세정제나 소금, 식초 등으로 씻는다.

4. 상추와 파 같은 채소
과일 전용 세정제를 섞은 물에 2~3분 정도 담갔다가 흐르는 물에 30초 이상 씻는다.
채소를 씻을 때는 처음부터 소금물에 씻으면 농약이 채소 속으로 침투할 경우가 있으므로, 흐르는 물에 먼저 씻고 나서 소금물에 씻는다.

Tip 농수산식품부가 알려주는 잔류 농약 없애는 법

- 쌀은 밥을 짓기 전에 담가놓은 물을 따라낸다.
- 오이는 소금을 뿌려 도마 위에 문지른다.
- 대파는 표피 한 장을 뜯어낸다.
- 양배추는 겉잎을 2~3장 떼어낸다.
- 생으로 먹는 양배추는 찬물에 3분 정도 담가둔다.
- 레몬은 껍질을 벗겨내고, 껍질째 사용한다면 뜨거운 물로 잘 씻어 잔류 농약과 코팅제를 없앤다.
- 바나나는 꼭지 부분을 1cm 정도 잘라낸다.
- 토마토는 데쳐서 껍질을 벗겨낸다.
- 돼지고기는 20~30분간 덩어리째 삶아 조리하고 닭고기는 껍질을 벗겨내고 쇠고기는 지방을 떼어낸다.
- 어묵은 끓는 물에 살짝 데쳐 조리한다.

Chapter 1

아이밥

아이 요리는 그리 어렵지 않아요.
제철 식재료와 아이들이 좋아하는 식재료,
엄마가 좋아하는 식재료를 기본양념에 직접 만들어주는 것이야말로
건강 영양식이니까요.
어른밥 차리면서 함께 차릴 수 있는
간단하고 영양 만점의 아이밥 레시피를 소개할게요.

01

콩가루말이 밥

2인분

요리 시간 30분

재료
찹쌀 1컵
물 1컵
소금 약간
팥앙금 4
콩가루 1/4컵

대체 식재료
콩가루 ▶ 미숫가루, 선식

효자 식재료

콩가루

농협 등에서 국산 콩가루를 구입해 사용하면 편리해요. 요즘에는 방앗간에 가도 수입산 콩가루를 더 많이 판매하니 콩이 많이 나는 가을에 백태나 검은콩을 넉넉히 구입하여 가을볕에 잘 말렸다가 분쇄기에 곱게 간 콩가루를 이용하세요.

1
찹쌀은 씻어 물에 30분 정도 불려 물 1컵과 소금 약간을 넣어 고슬고슬하게 밥을 지어 식힌다.

2
김발 위에 랩을 깔고 식힌 찹쌀밥을 넓게 깔고 팥앙금을 얹어 돌돌 만다.

볶은 콩가루를 구입해서 사용하세요.

3
접시에 콩가루를 펴 담고 찹쌀밥을 굴려가며 콩가루를 골고루 입힌다.

칼에 물을 묻혀가며 썰면 잘 썰려요.

4
먹기 좋은 크기로 썬다.

11

02

꼬투리 김밥

2인분

요리 시간 30분

재료
흑미밥 2공기
김밥용 김 2장
당근(6cm) 1/2개
오이 1/2개
식용유 적당량
달걀 1개
단무지 4줄

밥 양념 재료
소금·참기름·깨소금 약간씩

대체 식재료
오이 ▶ 시금치, 부추

1
흑미밥에 소금, 참기름, 깨소금을 넣어 골고루 섞고 김은 8등분한다.

2
당근은 채 썰고 오이는 씨를 빼고 채 썰어 각각 팬을 달구어 식용유를 두르고 볶아 소금으로 간한다.

3
달걀은 지단을 부쳐 당근 길이로 채 썰고 단무지도 같은 길이로 썬다.

4
김에 밥을 얇게 펴고 채소를 올려 돌돌 만다.

03

1
따끈한 밥에 소금, 참기름, 깨소금을 골고루 섞는다.

2
김은 4등분하고 깻잎은 깨끗하게 씻어 길이로 반 자른다.

3
참치는 기름기를 따라내고 잘게 부수고 당근, 오이, 단무지는 다져 참치에 섞은 다음 마요네즈 2, 소금과 후춧가루 약간씩을 넣어 섞는다.

4
김에 밥을 얇게 깔고 자른 깻잎을 얹고 참치 샐러드를 올려 돌돌 만다.

참치 깻잎 김밥

2인분

요리 시간 30분

재료
밥 2공기
김밥용 김 2장
깻잎 4장
참치(통조림) 1통
당근(2cm) 1/4개
오이 1/6개
단무지 약간
마요네즈 2
소금·후춧가루 약간씩
식용유 적당량

밥 양념 재료
소금·참기름·깨소금 약간씩

대체 식재료
참치 ▶ 닭 가슴살

04

토마토 볶음밥

2인분

요리 시간 20분

재료

달걀 1개
소금 약간
토마토 1개
피망 1/4개
양파 1/4개
잔새우 1
밥 1공기+1/2공기
참치 한스푼 0.5
소금·후춧가루·검은깨 약간씩
올리브오일 적당량

대체 식재료

토마토 ▶ 파인애플
참치 한스푼 0.5 ▶ 간장 1

효자 식재료

토마토

토마토의 리코펜 성분은 열에 강하고 기름에 잘 녹아 올리브오일과 함께 익혀 먹어도 좋아요. 또 토마토를 우유나 치즈와 함께 먹으면 토마토에 부족한 칼슘을 보충할 수 있어 좋아요.

1
달걀은 소금을 넣고 잘 풀어 올리브오일을 두른 팬에 스크램블한다.

토마토와 궁합이 잘 맞는 식품으로는 우유, 치즈, 육류, 기름이 있어요.

2
토마토는 반으로 잘라 씨를 빼내어 깍두기 모양으로 썰고 피망과 양파는 굵게 다진다.

3
팬에 올리브오일을 두르고 양파와 잔새우를 볶다가 양파가 투명해지면 밥을 넣어 볶는다.

토마토는 살짝 익혀 먹으면 훨씬 맛이 좋아요.

4
참치 한스푼 0.5와 소금, 후춧가루로 간하고 피망과 토마토를 넣어 볶은 다음 달걀을 넣어 섞고 검은깨를 뿌린다.

잣 베이컨 볶음밥

1 쌀은 물에 씻어 체에 건져 물기를 뺀다.

2 닭 가슴살, 베이컨, 양파는 1cm 크기로 썬다.

3 잣은 고깔을 떼어낸다.

4 팬에 식용유 2를 두르고 닭 가슴살, 베이컨, 양파를 넣어 볶다가 어느 정도 익으면 쌀을 넣어 쌀알이 투명해질 때까지 볶는다.

5 물 1컵에 카레가루 0.5, 소금과 후춧가루 약간씩을 넣어 멍울지지 않게 잘 풀어 볶음밥에 넣어 계속 볶는다.

6 쌀이 거의 익으면 잣을 넣어 볶은 다음 파슬리가루를 뿌린다.

효자 식재료

잣

호두나 땅콩보다 많은 철분을 함유하고 있어 빈혈에 좋지만 너무 많이 먹으면 배탈이 나기 쉬우니 주의하세요. 또 국산 잣은 씨눈이 거의 붙어 있지 않고 표면에 상처가 많고 색이 변한 낱알이 적어요.

2인분

요리 시간 25분

재료
쌀 1컵
닭 가슴살 1조각
베이컨 4줄
양파 1/2개
잣 2
식용유 2
물 1컵
카레가루 0.5
소금·후춧가루 약간씩
파슬리가루 약간

대체 식재료
닭고기 ▶ 새우살

06 쇠고기 브로콜리 볶음밥

2인분

요리 시간 20분

재료
다진 쇠고기 100g
브로콜리 1/2송이
식용유 2
밥 2공기
소금·후춧가루 약간씩

쇠고기 양념 재료
간장 1
설탕 0.5
다진 파 1
다진 마늘 0.5
참기름 1
깨소금 0.5
후춧가루 약간

대체 식재료
쇠고기 ▶ 닭고기 또는 새우살, 햄
브로콜리 ▶ 시금치 또는 피망, 완두콩

효자 식재료

브로콜리
줄기에 섬유질이 많아서 버리게 되는데 껍질을 벗기듯이 섬유질을 벗겨내고 잘게 썰어서 사용하면 알뜰하게 먹을 수 있어요. 아이들에게 식재료나 음식을 함부로 버리지 않는 자연주의 교육도 함께 시키세요.

1
다진 쇠고기는 간장 1, 설탕 0.5, 다진 파 1, 다진 마늘 0.5, 참기름 1, 깨소금 0.5, 후춧가루 약간을 넣고 조물조물 버무린다.

2
브로콜리는 작은 송이로 떼어 끓는 물에 소금을 약간 넣고 살짝 데쳐 찬물에 헹구고 물기를 뺀다.

쇠고기는 센 불에 재빨리 볶아야 맛있어요.

3
팬에 식용유 2를 두르고 양념한 쇠고기를 넣어 볶다가 데친 브로콜리를 넣고 볶는다.

4
쇠고기와 브로콜리가 익으면 밥을 넣고 가볍게 섞으면서 밥알에 윤기가 돌도록 볶은 다음 소금과 후춧가루로 간한다.

07

축구공 주먹밥

4인분

요리 시간 20분

재료
밥 3공기
소금·참기름·깨소금 약간씩
다진 쇠고기 100g
양파 1/4개
식용유 적당량
김밥용 김 1/2장

쇠고기 양념 재료
간장 1
설탕 0.3
다진 파 1
다진 마늘 0.3
고춧가루 0.3
참기름·깨소금 약간씩

효자 식재료

김

밥을 잘 안 먹는 아이라도 참기름을 발라 소금 뿌린 김은 잘 먹죠. 조미김보다 그냥 김을 먹이고 싶어 김밥 주먹밥도 자주 만들어요.

> 김은 접어서 여러 장을 겹쳐 오각형 모양으로 자르면 손쉽게 자를 수 있어요.

1
따끈한 밥에 소금, 참기름, 깨소금을 약간씩 넣어 섞는다.

2
다진 쇠고기는 간장 1, 설탕 0.3, 다진 파 1, 다진 마늘 0.3, 고춧가루 0.3, 참기름과 깨소금 약간씩으로 양념하고 양파는 다진다.

3
팬에 식용유를 두르고 쇠고기와 양파를 볶아 밥과 섞어 동그란 주먹밥을 만든다.

4
김은 오각형 모양으로 잘라 주먹밥에 붙여 축구공 모양을 만든다.

08

연어 소보로밥

2인분

요리 시간 25분

재료
연어(통조림) 1통
양파 1/2개
식용유 약간
실파 약간
밥 1공기+1/2공기
가다랑어포 약간
마요네즈 약간

덮밥 소스 재료
다진 양파 3
다진 마늘 0.3
간장 2
맛술 1
설탕 0.3

대체 식재료
연어 ▶ 참치

효자 식재료

연어
연어에는 EPA, DHA, 오메가-3 등이 풍부해요. 미국의 영양전문가인 스티븐 프랫은 생선으로는 유일하게 연어를 14가지 슈퍼푸드로 선정했는데요. 맛이 좋고 요리가 쉽고 단백질이 풍부하며 통조림으로도 구할 수 있기 때문이라고 하네요.

1
연어 통조림은 체에 밭쳐 기름을 빼서 잘게 부순다.

2
양파는 곱게 채 썰어 찬물에 담갔다 건져 물기를 빼고 실파는 송송 썬다.

3
달군 팬에 식용유를 두르고 연어와 다진 양파 3, 다진 마늘 0.3을 넣어 고슬고슬하게 볶다가 간장 2, 맛술 1, 설탕 0.3을 넣어 볶아 덮밥 소스를 만든다.

가다랑어포는 향이 강해 아이들이 좋아하지 않는다면 대신 아이들이 좋아하는 후리카케를 뿌리세요.

4
따끈한 밥에 양파와 볶은 연어를 올리고 가다랑어포, 마요네즈, 실파를 뿌린다.

09

뿌리 쪽에 흙이 붙어 있거나 누런 잎이 있으니 반드시 다듬어 물에 씻어 데쳐야 해요.

1
냉이는 뿌리 쪽 흙을 잘 털어 내고 큰 것은 반으로 잘라 씻어 끓는 물에 소금을 약간 넣고 데친다.

2
데친 냉이는 물기를 꼭 짜고 적당한 크기로 잘라 참기름, 깨소금, 국간장을 넣고 조물조물 무친다.

3
흑미밥과 흰밥은 각각 소금, 참기름으로 간을 하고 김에 반씩 펴 간다.

4
밥 위에 냉이나물을 얹어 돌돌 만다.

모자이크 냉이김밥

2인분

요리 시간 30분

재료
냉이 100g
소금 약간
참기름·깨소금·국간장 약간씩
흑미밥 1/2공기
흰밥 1/2공기
소금·참기름 적당량씩
김밥용 김 2장

대체 식재료
냉이 ▶ 취나물, 참나물, 유채나물

효자 식재료

냉이

냉이는 초하루에서 보름까지 한 잎씩 돋고 열엿새부터 그믐까지 한 잎씩 진다하여 '달력풀'이라고도 해요. 봄나물 가운데 단백질이 가장 많고 칼슘과 철분이 풍부하며 비타민 A는 춘곤증을 극복하는데 효과가 있어요.

10

달걀 오믈렛과 버섯불고기 도시락

2인분

요리 시간 40분

재료

밥 1공기
쇠고기(불고기감) 150g
양파·피망·당근 약간씩
달걀 1개
느타리버섯 1/4팩
토마토케첩 1
소금·후춧가루 약간씩
식용유 적당량

쇠고기 양념 재료

간장 1
굴소스 0.3
설탕 0.5
맛술 1
다진 파 1
다진 마늘 0.5
참기름·깨소금·후춧가루
약간씩

장식용 재료

브로콜리·방울토마토·
치커리 약간씩

1
쇠고기는 먹기 좋게 썰어 간장 1, 굴소스 0.3, 설탕 0.5, 맛술 1, 다진 파 1, 다진 마늘 0.5, 참기름과 깨소금, 후춧가루 약간씩을 넣어 버무린다.

2
양파, 피망, 당근은 다지고 달걀은 소금을 약간 넣어 곱게 풀고 느타리버섯은 밑동을 잘라 가닥가닥 뗀다.

3
팬에 양파, 당근, 피망을 넣어 2분 정도 볶다가 밥을 넣어 볶고 토마토케첩을 넣고 소금과 후춧가루로 간한다.

4
팬에 달걀물을 넣어 사각형으로 부쳐 볶음밥을 넣고 오믈렛을 만들어 가운데 칼집을 넣는다.

5
팬에 식용유를 두르고 쇠고기와 버섯을 센 불에서 볶는다.

6
도시락에 준비한 재료를 담고 브로콜리, 방울토마토, 치커리로 장식한다.

> 청포도와 방울토마토를 나무꼬치에 꿰어 담아도 좋아요.

1 밥에 소금 약간과 토마토케첩 2를 넣어 고루 섞는다.

2 닭 가슴살, 당근, 어묵은 먹기 좋은 크기로 썰고 꽈리고추는 꼭지를 떼고 작게 썬다.

3 냄비에 식용유를 두르고 닭 가슴살과 당근을 볶다가 닭 가슴살이 익으면 간장 2, 설탕 0.3, 물엿 1, 맛술 1, 다진 마늘 0.3, 참기름을 넣어 졸인다.

4 밥은 붕어 모양으로 만들어 김과 햄으로 장식한다.

5 도시락에 붕어 모양밥과 닭고기 채소조림을 담고 과일, 무순, 치커리로 장식한다.

붕어 모양밥과 닭고기채소 조림 도시락

2인분

요리 시간 40분

재료

밥 2공기
소금 약간
토마토케첩 2
닭 가슴살 1조각
당근(4cm) 1/2토막
어묵 4개
꽈리고추 2개
식용유 적당량
김·햄 약간씩

닭고기 조림장 재료

간장 2
설탕 0.3
물엿 1
맛술 1
다진 마늘 0.3
참기름 약간

곁들임 재료

과일·무순·치커리 약간씩

12 파스타 그라탱

효자 식재료

피자 치즈
자주 사 먹인 슬라이스 치즈에 색소가 들어갔다는 이야기를 듣고는 대신 피자 치즈를 넣은 간식을 궁리했어요.
피자 치즈는 임실 피자 치즈나 지인이 운영하는 개인 목장에서 갓 만든 것을 주문해 먹어요.

2인분

요리 시간 30분

Oven
220℃, 8~10분

재료
파스타(푸실리 또는 펜네) 80g
오징어 1/2마리
새우 1/2컵
양송이버섯 2개
양파 1/4개
버터 1
화이트 와인 2
생크림 1/4컵
화이트소스 1/2컵
소금·후춧가루 약간씩
피자 치즈 1/2컵
파르메산 치즈가루 1
올리브오일 1
소금 약간

화이트소스 재료
버터 2
밀가루 2
우유 1컵+1/2컵
소금·흰 후춧가루 약간씩

1
파스타는 끓는 물에 소금을 약간 넣고 삶아 체에 걸러 물기를 뺀다.

> 오징어나 새우 대신 주꾸미나 홍합, 조갯살을 넣어도 돼요.

2
오징어는 껍질을 벗기고 먹기 좋은 크기로 썰고 새우는 옅은 소금물에 씻어 건진다. 양송이버섯은 모양대로 썰고 양파는 굵게 다진다.

3
냄비에 버터 1을 녹여 양송이버섯과 양파를 넣어 볶다가 양파가 익으면 오징어와 새우를 넣고 화이트 와인 2를 넣어 끓인다.

> 버터를 먼저 녹이고 밀가루를 넣어 은근한 불에 고소한 냄새가 날 때까지 볶아요.

4
팬에 버터 2를 넣어 녹이고 밀가루 2를 넣어 약한 불로 볶다가 우유 1컵+1/2컵을 붓고 끓여 밀가루가 멍울지지 않도록 잘 풀어 소금과 흰 후춧가루로 간하여 화이트소스를 만든다.

5
③에 생크림 1/4컵과 화이트소스 1/2컵을 붓고 3분 정도 끓여 소금과 후춧가루로 간한다.

6
파스타를 소스에 섞어 그라탱 용기에 담고 피자 치즈와 파르메산 치즈가루를 뿌리고 220℃로 예열한 오븐에서 8~10분 정도 굽는다.

쟁반 짜장

1
새우살은 옅은 소금물에 씻어 건진다.

2
애호박, 양파, 양배추는 1cm 크기로 썰고 대파는 굵게 다진다.

3
끓는 물에 소금을 넣고 생면을 3분 정도 삶아 찬물에 헹구어 물기를 빼고 접시에 담는다.

효자 식재료

춘장
반드시 기름에 볶아서 요리에 넣어야 맛이 부드러워요.
또 짜장가루보다는 춘장으로 만들어야 훨씬 맛있고요. 최근에는 우리 쌀로 만든 춘장도 구입할 수 있어요.

4
팬에 식용유 3을 두르고 대파, 다진 마늘, 다진 생강 약간을 넣어 볶다가 마늘향이 나면 다진 돼지고기와 새우살을 넣어 볶는다.

> 춘장은 팬을 달구어 식용유를 넉넉히 두르고 은근한 불에서 한 덩어리가 되도록 볶으세요.

5
이어서 볶은 춘장 3을 넣어 볶다가 애호박, 양파, 양배추를 넣고 살짝 볶다가 청주 2, 굴소스 1, 간장 0.5, 설탕 0.5를 넣어 볶다가 물 1컵을 넣고 끓여 짜장 소스를 만든다.

> 짜장 소스가 남으면 밥 위에 얹어 짜장밥을 만들어주세요.

6
국물이 끓으면 녹말물 1을 넣어 걸쭉하게 농도를 맞추고 참기름 약간을 넣어 섞고 짜장 소스를 담은 다음 무순을 올린다.

2인분

요리 시간 25분

재료
새우살 1/2컵
소금 약간
애호박 1/4개
양파 1/2개
양배추 2장
대파 1/4대
생면(짜장면용 또는 칼국수용) 2인분
다진 마늘 2
다진 생강 약간
다진 돼지고기 100g
무순 약간

양념 재료
식용유 3
볶은 춘장 3
청주 2
굴소스 1
간장 0.5
설탕 0.5
물 1컵
녹말물 1
참기름 약간

14

팟타이

효자 식재료

마른 새우
뼈 성장에 좋은 칼슘을 섭취하려면 우유와 멸치 외에 마른 새우를 먹여도 좋아요. 마른 새우는 단백질이 60% 정도 되며 칼슘, 무기질, 비타민도 풍부하다고 해요.

2인분

요리 시간 20분

재료
쌀국수(볶음용) 100g
닭 안심 2조각
실파 2대
식용유 3
다진 양파 3
마른 새우 2
물 3
설탕 1
피시 소스 3
레몬 주스 1
달걀 1개
숙주 80g
레몬 약간

대체 식재료
피시 소스 ▶
멸치액젓 또는 까나리액젓

1
쌀국수는 따끈한 물에 20분 정도 담가 물기를 뺀다.

2
닭 안심은 한입 크기로 썰고 실파는 2cm 길이로 썬다.

다진 양파가 갈색이 돌면 마른 새우를 넣으세요.

3
팬에 식용유 3을 두르고 다진 양파를 넣어 볶다가 마른 새우를 넣어 살짝 볶다가 닭고기를 넣어 볶는다.

4
이어서 쌀국수를 넣어 볶다가 물 3, 설탕 1, 피시 소스 3, 레몬 주스 1을 넣어 섞은 다음 팬의 한쪽으로 몰아 둔다.

5
달걀은 잘 풀어 한쪽 팬에서 볶아 쌀국수와 섞는다.

숙주는 마지막에 생으로 넣어야 아삭한 맛을 즐길 수 있어요.

6
불을 끄고 숙주와 실파를 넣어 버무린다.

단호박 수제비

15

> 단호박은 찜통에 찌거나 전자레인지에 익혀 으깨 넣는데 단호박의 수분 함량에 따라 넣는 양을 조절하세요.

1 밀가루, 찐 단호박 3~4, 소금 약간을 섞어 말랑말랑하게 반죽한다.

2 감자는 껍질을 벗겨 납작하게 썰고 양파는 굵게 다진다.

3 바지락은 옅은 소금물에 30분 정도 담가 해감한다.

4 대파는 송송 썬다.

> 된장은 체에 풀어 넣으세요.

5 냄비에 물 3컵을 넣고 된장 2와 해물 한스푼 1을 넣고 바지락을 넣어 끓이다가 입을 벌리면 거품을 걷어내고 감자를 넣어 끓인다.

> 반죽이 손에 붙지 않도록 물칠을 하면서 떼어 넣으세요.

6 감자가 익으면 수제비를 얇게 떼어 넣고 2~3분 정도 끓인 다음 송송 썬 대파와 다진 마늘을 넣는다.

효자 식재료

단호박

호박은 품종에 따라 영양 성분도 달라지고 잘 익을수록 단맛이 증가한다고 해요. 겉껍질이 단단한 단호박의 당분은 소화 흡수가 잘되어 아이들 간식으로 먹이면 좋아요.

2인분

요리 시간 30분

주재료
감자 1/2개
양파 약간
바지락 1/2봉
소금 약간
대파 1/4대
물 3컵
된장 2
해물 한스푼 1
다진 마늘 0.3

반죽 재료
밀가루 1컵
찐 단호박 3~4
소금 약간

대체 식재료
해물 한스푼 ▶ 국간장

16

고구마 기장죽

2인분

요리 시간 25분

재료
고구마 1개
물 4컵
기장 1/4컵
소금 약간

대체 식재료
기장 ▶ 조, 수수, 녹두

효자 식재료

기장

고구마 기장죽을 먹이면서 우리 땅에서 신석기 시대부터 먹어왔다는 기장에 대해서도 설명해주세요. 벼와 비슷한 잡곡으로 밥을 지어 먹거나 떡을 만들어 먹는다고요.

1
고구마는 껍질을 벗겨 큼직하게 썰어 냄비에 물 1컵을 붓고 삶아 부드럽게 익으면 주걱으로 대충 으깬다.

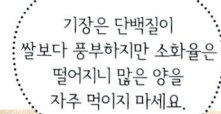
기장은 단백질이 쌀보다 풍부하지만 소화율은 떨어지니 많은 양을 자주 먹이지 마세요.

2
기장은 깨끗이 씻어 물에 20분 정도 불린다.

3
냄비에 으깬 고구마, 불린 기장, 나머지 물 3컵을 넣어 나무 주걱으로 저어가며 15~20분 정도 끓인다.

고구마의 단맛은 소금을 약간 넣어야 더 달게 느껴져요

4
기장이 퍼지면 소금으로 간한다.

유부 맑은국

2인분

요리 시간 25분

재료
유부 6장
새송이버섯 1개
표고버섯 1개
쪽파 2뿌리
물 2컵
해물 한스푼 2
다진 마늘 0.5
소금·후춧가루 약간씩

대체 식재료
유부 ▶ 어묵

효자 식재료

유부
유부는 두부를 기름에 튀긴 것으로 두부보다 영양가가 높고 맛은 고소해요. 살짝 데치거나 체에 담고 뜨거운 물을 끼얹어 기름기를 빼내고 사용하세요.

> 유부는 냉동코너에서 판매되는 가미되지 않은 것으로 사용하세요. 사용하고 남은 유부는 냉동실에 보관하거나 조려서 김밥 등에 활용하면 돼요.

1
유부는 끓는 물에 데쳐 기름기를 뺀 다음 1cm 폭으로 자른다.

2
새송이버섯은 0.5cm 두께로 채 썰고 표고버섯은 0.5cm 두께로 저며 썰고 쪽파는 3cm 길이로 썬다.

3
냄비에 물 2컵을 넣고 끓여 끓으면 유부, 새송이버섯, 표고버섯을 넣어 끓인다.

4
국물이 끓으면 해물 한스푼을 넣고 소금, 후춧가루를 넣고 쪽파를 넣는다.

18

마른 홍합 미역국

2인분

요리 시간 30분

재료
마른 미역(자른 것) 1/2컵
마른 홍합 1/4컵
참기름 2
물 4컵
참치 한스푼 2
다진 파 1
다진 마늘 0.5
소금 약간

대체 식재료
참치 한스푼 ▶ 국간장

효자 식재료

홍합

홍합은 담치라고도 하고 영남지방에서는 합자나 열합, 강원도에서는 섭이라고 불러요. 단맛이 나서 국에 넣거나 젓을 담그기도 하지요. 여름에는 독소가 있을 수 있으므로 제철에는 생물 홍합을, 그 외의 계절에는 마른 홍합을 이용하세요.

> 마른 홍합 대신 제철 조개를 사용해도 좋아요. 봄에는 조개를, 겨울에는 굴이나 홍합을 사용하세요.

1
마른 미역은 찬물에 불려 물에 헹구어 물기를 꼭 짠다.

2
마른 홍합은 물에 씻어서 건진다.

3
냄비에 참기름을 두르고 마른 미역과 마른 홍합을 넣어 볶다가 물 2컵을 넣고 끓여 끓어 오르면 은근한 불로 줄여 10분 정도 끓인다.

4
다시 물 2컵을 넣고 센 불로 끓이다가 참치 한스푼을 넣어 은근한 불로 줄이고 미역이 부드러워질 때까지 끓여 다진 파 1, 다진 마늘 0.5를 넣고 소금으로 간을 한다.

북어 감자국

2인분

요리 시간 20분

재료
북어포 50g
감자 1개
대파 1/4대
홍고추·풋고추 약간씩
참기름 1
물 3컵
다진 마늘 1
소금·후춧가루 약간씩

북어 양념 재료
국간장 1
참기름 1
후춧가루 약간

효자 식재료

북어
북어는 명태를 말린 것으로 숙취 해소와 알코올 해독에 뛰어난 효능이 있어 주로 아빠들 술국으로 먹게 되는데요. 생태보다 단백질과 아미노산 함량이 5배나 많다고 하니 성장기 아이들에게도 좋은 식품이에요.

> 북어포는 더운 여름철에는 냉장고에 보관하세요. 실온에 두면 지방이 산패하여 찌든 냄새가 날수 있는데 국을 끓여 놓아도 냄새가 날 수 있어요.

1
북어포는 긴 것은 먹기 좋게 잘라 찬물에 담갔다가 바로 건져 물기를 빼서 국간장 1, 참기름 1, 후춧가루 약간에 무친다.

2
감자는 껍질을 벗기고 납작하게 썰고 대파, 홍고추, 풋고추는 송송 썬다.

3
냄비에 참기름 1을 두르고 북어포를 넣어 볶다가 감자를 넣어 볶는다.

4
물 3컵을 넣고 끓여 국물이 끓으면 중간 불로 줄여서 감자가 익을 때까지 끓여 대파, 홍고추, 풋고추를 넣고 다진 마늘 1을 넣고 소금, 후춧가루로 간을 한다.

조개 쑥국

효자 식재료

쑥

'7년 된 병을 3년 묵은 쑥을 먹고 고쳤다'라는 속담이 있어요. 미네랄이 풍부한 알칼리성 식품인 쑥은 몸을 따뜻하게 하는 성질이 있어요. 또 방사능과 황사, 미세먼지 등에 쑥을 효능을 활용해야 하는데요. 쑥은 피를 맑게 하고 혈액 순환을 좋게 하며 몸속의 독을 몸 밖으로 배출시키는 해독 작용이 뛰어나다고 해요.

2인분

요리 시간 30분

재료
쑥 1줌
모시조개 100g
풋고추 1/2개
홍고추 1/2개
물 3컵
된장 3
들깨가루 1
다진 파 1
다진 마늘 0.5
소금 약간

대체 식재료
모시조개 ▶ 바지락

> '봄에는 봄조개'라고 할 만큼 조개가 맛있는 계절이에요. 모시조개 외에도 여러 가지 조개를 넣어도 좋아요.

1 쑥은 깨끗하게 다듬어 흐르는 물에 살살 흔들어 씻는다.

2 모시조개는 소금물에 20분 정도 담가 해감한다.

3 풋고추와 홍고추는 씨째 굵게 다진다.

4 물 3컵을 냄비에 담고 끓여 끓어 오르면 된장 3을 잘 풀어 넣고 모시조개를 넣어 한소끔 끓인다.

5 조개가 입을 벌리면 쑥을 넣고 한소끔 끓인다.

6 풋고추, 홍고추를 넣어 2분 정도 더 끓인 다음 들깨가루 1, 다진 파 1, 다진 마늘 0.5를 넣고 맛을 보아 싱거우면 소금으로 간한다.

21

믹서에 갈아도 되지만 강판에 갈아야 훨씬 맛있어요.

1
감자는 껍질을 벗기고 강판에 갈아 체에 걸러 물기를 뺀다.

감자는 갈아두면 아래로 녹말이 가라앉으니 반죽한 다음 전을 부치기 전에 다시 잘 섞어서 부치세요.

2
감자에 소금으로 간하고 녹말가루 2를 넣어 반죽한다.

3
호박, 표고버섯, 당근은 곱게 채 썰어 감자에 넣어 섞고 팬에 식용유를 두르고 한 숟가락씩 떠서 앞뒤로 노릇노릇하게 지진다.

4
간장 2, 식초 1, 설탕 0.3을 섞어 초간장을 만들어 감자전에 곁들인다.

2인분

요리 시간 20분

재료
감자 2개
소금 약간
녹말가루 2
호박 1/6개
표고버섯 2개
당근 약간
식용유 적당량

초간장 재료
간장 2
식초 1
설탕 0.3

대체 식재료
감자 ▶ 연근 또는 마, 고구마

효자 식재료

감자전

감자

스페인에서는 색과 모양 때문에 '악마의 열매'라 불렸다는 감자. 오늘날에는 세계인을 먹여 살리는 주요 작물로 대접받고 있지요. 구워도, 튀겨도, 끓여도 영양 파괴가 적다는 점도 감자의 매력이에요.

22 참치 두부부침

2인분

요리 시간 20분

재료
참치(통조림) 1/2통
두부 1/4모
당근 약간
실파 1대
달걀 1개
참치 한스푼 1
소금·후춧가루 약간씩
식용유 적당량

대체 식재료
참치 ▶ 생선살, 새우살
참치 한스푼 1 ▶ 굴소스 0.3

효자 식재료

참치 통조림
참치에는 오메가3 지방산이 풍부한데 이 지방산이 부족하면 주의력결핍과 잉행동장애, 집중력이나 기억력의 저하 등의 증상이 나타나는 것으로 알려져 있어요.

참치 대신 생선살이나 새우살로 만들 때에는 믹서에 곱게 갈거나 칼로 곱게 다져 사용하세요.

1
참치는 체에 담아 숟가락으로 꾹꾹 눌러 기름기를 완전히 뺀다.

2
두부는 칼등으로 곱게 으깨고 당근과 실파는 곱게 다진다.

3
볼에 참치, 두부, 당근, 실파를 넣고 달걀을 넣어 잘 섞은 다음 참치 한스푼 1과 소금, 후춧가루로 간한다.

사용하고 남은 참치는 밀폐용기에 담아 보관하세요.

4
팬에 식용유를 두르고 반죽을 한 숟가락씩 떠 넣어 노릇하게 지진다.

게살 치즈 달걀말이

2인분

요리 시간 20분

재료

달걀 4개
마요네즈 2
소금·후춧가루 약간씩
당근 약간
실파 3뿌리
게살 4개
피자 치즈 1/2컵
식용유·돈가스 소스 적당량

대체 식재료

게살 ▶ 햄, 참치, 연어

효자 식재료

치즈

아이들이 좋아하는 치즈를 요리에도 다양하게 활용해 보세요. 치즈 요리하면 피자나 그라탱 등 간식이 대세이지만 달걀말이에 피자치즈를 넣으면 훌륭한 밥반찬이 돼요. 치즈는 단백질과 칼슘이 풍부하고 소화가 잘 되어 성장 발달에 이로운 식품이에요.

마요네즈를 넣으면 더욱 고소해요.

1
달걀은 잘 풀어 마요네즈 2를 넣어 골고루 섞은 후 소금과 후춧가루로 간을 한다.

2
당근과 실파는 송송 썰고 게살은 손으로 찢는다.

3
달걀에 당근, 실파를 넣어 섞는다.

달걀말이는 전용 팬을 사용하면 잘 눌어붙지 않고 모양도 잘 나와 훨씬 먹음직스러워요.

4
달군 팬에 식용유를 두르고 달걀물을 약간 붓고 게살과 피자 치즈를 올린 다음 다시 달걀물을 부어 가며 돌돌 말아 도톰하게 썰어 돈가스 소스를 곁들인다.

24

보들보들 달걀찜

2인분

요리 시간 30분

재료
달걀 2개
소금 약간
새우 2마리
표고버섯 1/2개
은행 2개
쑥갓 약간

맛국물 재료
물 1컵
다시마(5×5cm) 1장
가다랑어포 1/2줌(4g)

대체 식재료
쑥갓 ▶ 실파, 대파

효자 식재료

달걀
달걀은 자칫 하면 오랫동안 냉장실에 보관할 수 있으니 가급적 소량만 구입하여 신선한 달걀을 아이에게 먹이세요. 보관할 때는 뾰족한 부분이 아래로 향하도록 하여 냉장 보관하면 돼요.

> 찜통이 없다면 중탕으로 쪄도 돼요. 중탕할 때에는 물이 너무 세게 끓여 딸각딸각 하며 달걀찜 그릇이 움직이지 않도록 주의 하고 물이 달걀 그릇 안으로 들어가지 않도록 하세요.

1 냄비에 물 1컵과 다시마를 넣고 1~2분 정도 끓이다가 가다랑어포를 넣고 불을 끄고 국물만 준비한다.

2 달걀에 가다랑어포 국물을 섞어 잘 풀고 고운 체에 걸러 소금으로 간한다.

3 새우는 끓는 물에 데쳐 물기를 빼고 표고버섯은 물에 불려 잘게 썰고 은행은 껍질을 벗기고 쑥갓도 준비한다.

4 찜 그릇에 새우, 은행, 표고버섯을 넣고 달걀물을 80% 정도 채워 냄비에 물을 붓고 찜기를 올려 뚜껑을 덮어 15분 정도 쪄서 쑥갓을 올린다.

25

5인분

요리 시간 1시간

재료
오이 5개
굵은소금 약간

오이 절임물 재료
물 5컵
굵은소금 1/4컵

소 재료
당근 약간
풋고추·홍고추 1개씩
배 1/4개
미나리 50g
마늘 2쪽
생강 1/2톨
소금 약간
검은깨 0.5

김치 국물 재료
다시마 우린 물 3컵
다진 마늘 0.5
소금 약간

대체 식재료
풋고추, 홍고추 ▶ 피망

1
오이는 굵은소금으로 문질러 흐르는 물에 깨끗이 씻은 다음 양끝을 남기고 열십자로 칼집을 넣는다.

2
물 5컵에 굵은소금 1/4컵을 넣고 녹여 오이를 넣어 야들야들하게 2시간 정도 절인다.

3
당근, 풋고추, 홍고추는 곱게 채 썰고 배는 껍질을 벗겨 다른 재료와 비슷하게 채 썰고 미나리는 다듬어 씻어 3cm 길이로 썰고 마늘과 생강은 곱게 채 썬다.

4
준비한 한 재료에 소금을 0.3 정도 넣어 살짝 절인다.

5
오이에 소를 넣어 김치통에 담는다.

> 오이 백김치를 만들 때 오이는 백오이로 준비하세요. 청오이는 절여 놓으면 질겨요. 또 오이 백김치의 국물은 국수를 말아먹을 때 국물로 활용하면 맛있어요.

6
남은 국물에 다시마 우린 물 3컵, 다진 마늘 0.5, 소금 약간을 넣어 섞고 김치통에 붓는다.

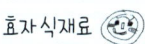

효자 식재료

오이

하우스 재배로 일 년 내내 먹을 수 있게 된 오이지만 가장 맛있는 때는 여름철이에요. 노지에서 자란 오이는 특유의 향과 맛이 진해요. 채소를 싫어하는 아이들이 많은데 어렸을 때부터 김치에 입맛을 들이게 하면 다른 채소 요리를 어렵게 먹이지 않아도 돼요. 아이가 먹을 김치에는 덜 짜게, 덜 맵게 담그세요.

오이 백김치

26 코다리 간장조림

2인분

요리 시간 20분

재료
코다리 1마리
풋고추 1/2개
홍고추 1/4개
대파 1/2대

양념장 재료
간장 3
청주 1
설탕 1
다진 파 1
다진 마늘 0.5
물 1컵
후춧가루 약간

대체 식재료
코다리 ▶ 양미리

효자 식재료

코다리
코다리는 내장을 뺀 명태를 반건조시켜 완전히 말린 북어보다 맛이 쫄깃해요. 아이에게 생선 요리를 먹일 때 조기나 갈치 등을 굽거나 찌는 조리법 외에 코다리처럼 건어물을 간장으로 삼삼하게 조려 다양한 생선을 맛볼 수 있게 입맛을 잡아주세요.

> 코다리는 반 정도 말린 상태여서 조릴 때 너무 뒤적이면 살이 쉽게 부스러져요. 숟가락으로 국물을 끼얹어가며 코다리가 부스러지지 않도록 조리세요.

1
코다리는 먹기 좋은 크기로 자른다.

2
풋고추, 홍고추, 대파는 어슷하게 썬다.

3
냄비에 코다리와 간장 3, 청주 1, 설탕 1, 다진 파 1, 다진 마늘 0.5, 물 1컵, 후춧가루 약간을 넣어 은근한 불에서 20분 정도 조리다가 코다리가 어느 정도 익으면 풋고추, 홍고추, 대파를 넣어 2분 정도 더 조린다.

1
밤은 껍질을 벗기기고 큰 것은 반으로 잘라 녹말가루를 골고루 입히고 꽈리고추는 큰 것은 반으로 썬다.

2
다진 쇠고기는 밤톨 크기로 둥글게 빚어서 가운데에 밤을 꼭 눌러 박고 모양을 다듬는다.

3
냄비에 양파 1/4개, 통마늘 4쪽, 생강 약간, 간장 4, 물 1컵, 물엿 4, 설탕 1, 후춧가루를 넣어 10분 정도 팔팔 끓여 양파, 통마늘, 생강은 건져낸다.

4
팔팔 끓는 조림장에 빚어 놓은 쇠고기 완자를 넣어 은근한 불에서 10분 정도 졸이다가 국물이 졸아들면 꽈리고추를 넣고 3분 정도 더 졸인다.

> 쇠고기는 너무 오래 끓이면 질겨져요. 국물이 촉촉이 남아 있도록 졸이세요.

밤고기 완자조림

2인분

요리 시간 35분

재료
밤 10개
녹말가루 약간
꽈리고추 8개
다진 쇠고기 200g

조림장 재료
양파 1/4개
통마늘 4쪽
생강 약간
간장 4
물 1컵
물엿 4
설탕 1
후춧가루 약간

대체 식재료
밤 ▶ 단호박, 고구마

효자 식재료

밤

밤은 탄수화물과 단백질, 칼슘, 비타민 등이 풍부하여 병을 앓고 난 사람이나 유아에게 적합한 자양식품이에요. 비타민 C는 피로회복과 피부미용, 감기 예방에 도움을 줘요. 알이 굵고 도톰하며 껍질이 윤이 나는 것이 상품이에요.

28

모둠 채소 조림

4인분

요리 시간 30분

재료
연근 1/4개
곤약 1/4모(150g)
당근 1/4개
표고버섯 2개
꽈리고추 4개
다시마(5×5cm) 2장
물 1컵
참기름 약간

조림장 재료
간장 1/4컵
물엿 2
설탕 1
청주 2

대체 식재료
연근 ▶ 우엉

> 연근이나 우엉 같은 뿌리채소는 껍질을 벗겨 찬물에 담가 두면 맛이 빠져요. 껍질을 벗기고 그대로 조리하세요.

1
연근은 껍질을 벗기고 돌려가며 둥글게 썰고 곤약과 당근은 연근 크기로 썰고 표고버섯은 물에 불려 기둥을 떼어내고 큰 것은 2등분이나 4등분한다.

2
꽈리고추는 꼭지를 떼어내고 큰 것은 반으로 썰고 다시마는 먹기 좋게 썬다.

3
냄비에 다시마와 연근, 표고버섯, 당근, 물 1컵을 넣고 끓인다.

4
국물이 끓기 시작하면 5분 정도 끓여 간장 1/4컵, 물엿 2, 설탕 1, 청주 2, 곤약을 넣어 은근한 불에서 졸이다가 채소에 윤기가 나면 꽈리고추를 넣어 살짝 더 조리고 참기름을 뿌린다.

닭 마늘 조림

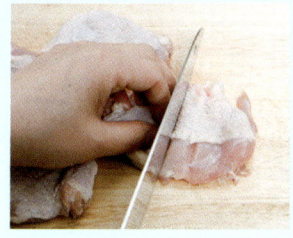

1
닭 다리는 뼈를 발라내고 넓게 저며 펴서 껍질 쪽에 칼집을 넣은 다음 다진 마늘에 20분 정도 재운다.

2
다진 마늘에 재운 닭고기에 녹말가루를 고루 묻히고 달군 팬에 식용유를 두르고 노릇노릇하게 지진다.

3
양파 1/4개, 홍고추 1/2개, 풋고추 1/2개, 프룬 2개는 굵게 다진다.

4
냄비에 간장 2, 맛술 3, 설탕 1, 물 1/4컵과 다진 양파, 홍고추, 풋고추, 프룬을 넣어 1분 정도 조리다가 닭고기를 넣어 5분 정도 더 조린다.

5
조린 닭고기는 아이들이 먹기 좋은 크기로 썬다.

2인분

요리 시간 30분

재료
닭 다리 4개
다진 마늘 2
녹말가루·식용유 적당량씩

조림장 재료
양파 1/4개
홍고추 1/2개
풋고추 1/2개
프룬 2개
간장 2
맛술 3
설탕 1
물 1/4컵

대체 식재료
닭고기 ▶ 돼지고기 또는 쇠고기
프룬 ▶ 크랜베리 또는 건포도

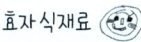
효자 식재료

프룬
서양 자두인 프룬은 식이섬유와 미네랄, 비타민을 고루 함유하고 있어요. 주스나 농축액도 판매되는데, 말린 프룬을 즐겨 먹어요. 다져서 간식을 만들 때 넣거나 아이의 눈에 자주 띄어 먹을 수 있도록 테이블 위에 올려놓는답니다.

30

두부 강정

2인분

요리 시간 20분

재료
두부(단단한 것) 1모
소금 약간
녹말가루 1/3컵
튀김기름 적당량
호두 2
무순·검은깨 약간씩

양념 재료
고추장 1
토마토케첩 2
유자청 1
물 1/4컵

대체 식재료
호두 ▶ 땅콩, 아몬드 등의 견과류

Another Recipe
두부 샐러드

요리 시간 20분

재료 지진 두부 2조각, 샐러드 채소 약간, 간장 드레싱 약간

지진 두부는 깍두기 모양으로 썰고 샐러드 채소는 찬물에 담갔다가 건져 물기를 제거하여 샐러드 채소에 두부를 올리고 간장 드레싱을 뿌리세요.

1
두부는 사방 1.5cm 크기의 깍두기 모양으로 썰어 소금을 뿌려 10분 정도 절였다가 키친타월로 물기를 제거한다.

녹말가루를 묻혀 3분 정도 두면 녹말가루가 촉촉해져서 바삭하게 튀겨져요

2
두부에 녹말가루를 골고루 묻혀 잠시 두었다가 180℃의 튀김기름에 노릇하게 튀긴다.

3
호도는 굵게 다진다.

4
고추장 1, 토마토케첩 2, 유자청 1, 물 1/4컵을 끓여 튀긴 두부와 호두를 넣어 살짝 버무려 그릇에 담고 무순과 검은깨로 장식한다.

콩나물 채소만두

2인분

요리 시간 35분

주재료
봄동 1포기
소금 약간
콩나물 1줌
두부 1/4모
만두피(시판용) 1/2팩

소 양념 재료
다진 파 1
다진 마늘 0.5
참기름 0.5
국간장 0.5
깨소금 1
소금·후춧가루 약간씩

대체 식재료
봄동 ▶ 양배추, 배추

1
봄동은 끓는 물에 소금을 약간 넣고 데쳐서 송송 썰어 물기를 꼭 짠다.

2
콩나물은 끓는 물에 소금을 약간 넣고 뚜껑을 덮고 익혀 송송 썬다.

3
두부는 면포로 물기를 꼭 짜서 칼등으로 으깬다.

깨소금은 통깨에 소금을 약간 넣고 곱게 빻은 것으로 통깨보다 훨씬 고소해요.

4
봄동, 콩나물, 두부를 섞고 다진 파 1, 다진 마늘 0.5, 참기름 0.5, 국간장 0.5, 깨소금 1, 소금과 후춧가루 약간씩을 넣어 조물조물 무친다.

5
만두피에 소를 넣어 빚는다.

끓는 물에 소금을 약간 넣고 2~3분 정도 삶아서 건져도 돼요.

6
김이 오른 찜통에 만두를 넣어 5분 정도 찐다.

효자 식재료

콩나물

콩나물을 살 때는 수입산 콩이나 유전자 조작 콩으로 만든 건 아닌지 꼼꼼하게 따지세요. 그래도 못 미더우면 국산 대두나 검은콩을 구입하여 콩나물 재배기를 이용해 직접 길러 먹으면 좋아요.

32 스마일 라이스 오믈렛

2인분

요리 시간 25분

재료
달걀 2개
소금·후춧가루 약간씩
배추김치 1장
새우살 1/4컵
양파 1/6개
피망 1/4개
식용유 적당량
밥 1공기
토마토케첩 2
후춧가루 약간

장식용 재료
토마토케첩·삶은 메추리알
블랙 올리브 적당량씩

대체 식재료
새우 ▶ 쇠고기, 돼지고기, 닭고기

효자 식재료

새우
새우가 귀할 때는 칵테일새우를 쓸 수밖에 없지만 제철일 때는 싱싱한 새우를 구입하여 아이가 단백질과 칼슘을 충분히 섭취할 수 있도록 하세요. 칵테일새우란 꼬리만 남기고 껍질을 벗겨 내장을 제거한 냉동 새우를 말해요.

> 달걀에 소금을 넣어 미리 풀어두면 달걀흰자와 노른자가 잘 섞여요.

1 달걀은 소금과 후춧가루를 뿌려 잘 푼다.

2 배추김치는 송송 썰고 새우살은 소금물에 씻어 건지고 양파와 피망은 굵게 다진다.

> 따끈한 밥을 넣어야 다른 재료와 잘 어우러지고 밥도 촉촉해요.

3 팬에 식용유를 두르고 양파와 새우를 넣어 볶다가 새우가 붉게 변하면 배추김치를 볶다가 밥을 넣어 볶는다.

> 우유를 약간 넣어 섞고 중간 불로 익히면 부드러운 오믈렛을 만들 수 있어요.

4 토마토케첩 2를 넣어 볶다가 피망을 넣고 후춧가루를 약간 뿌린다.

5 작은 팬에 풀어놓은 달걀의 반을 넣어 익혀 국그릇에 담고 볶은 밥을 넣어 뒤집어 동그란 라이스 오믈렛을 만든다.

6 접시에 담고 토마토케첩, 삶은 메추리알, 블랙 올리브로 장식한다.

33

> 당면은 찬물에 담가 두었다가 부드러워지면 끓는 물에 살짝 삶아 건지면 더 쫄깃쫄깃한 맛이 나요.

1
당면은 찬물에 불려 먹기 좋은 길이로 자른다.

2
냄비에 다시마 2장, 간장 4, 물엿 2, 설탕 0.5를 넣고 살짝 끓여 다시마는 건져 채 썰고 양념장은 식힌다.

3
끓는 물에 당면을 넣어 부드럽게 삶아 건져 씻지 않고 그대로 식혀 물기를 완전히 뺀다.

> 잡채를 다시 데울 때에는 팬에 물을 3~4 순가락 정도 넣어 끓인 다음 기름을 넣지 않고 볶으면 담백하고 부드러운 잡채가 돼요.

4
당면에 참기름과 후춧가루로 간을 한 다음 양념장을 넣어 버무리고 채 썬 다시마를 넣어 섞고 통깨를 뿌린다.

다시마 잡채

2인분

요리 시간 20분

재료
당면 100g
다시마 2장
참기름·후춧가루 약간씩
통깨 약간

당면 양념 재료
다시마 2장
간장 4
물엿 2
설탕 0.5

대체 식재료
당면 ▶ 떡

효자 식재료

다시마

다시마는 저열량, 저지방에 식이섬유소가 풍부하여 변비를 예방하고 포만감을 주지만 특유의 미끌미끌한 성질이 있어 어른들도 잘 먹지 않으려고 하지요. 아이에게 다시마를 먹이려면 국물 요리에 육수를 낼 때 사용하는 것이 고작인데 당면과 다시마만 넣어 잡채를 만들면 잘 먹어요.

34 유부 보따리

2인분

요리 시간 35분

재료
유부(조미되지 않은 것) 4개
미나리 4줄기
어묵 4~5개
물 2컵
참치 한스푼 2
후춧가루 약간

소 재료
불린 당면 50g
대파·당근 약간씩
소금·후춧가루 약간씩

양념 간장 재료
대파 1/4대
풋고추 1개
간장 2
통깨 0.5

대체 식재료
미나리 ▶ 실파

1
유부는 끓는 물에 데쳐 물기를 빼고 미나리는 끓는 물에 데쳐 찬물에 헹군다.

2
어묵은 먹기 좋게 썬다.

3
불린 당면은 끓는 물에 데쳐 부드럽게 익으면 대파, 당근을 채 썰어 섞고 소금과 후춧가루로 간을 한다.

4
유부의 끝을 잘라내어 남은 유부는 ③에 넣어 섞고 유부에 소 재료를 채우고 미나리로 묶는다.

5
물 2컵에 참치 한스푼을 넣고 끓인 다음 유부 보따리와 어묵을 넣어 5분 정도 끓인다.

6
대파와 풋고추는 송송 썰어 간장 2, 통깨 0.5와 섞어 곁들인다.

Chapter 2
아이 간식

엄마를 춤추게 하는 무럭무럭 쑥쑥 아이 간식,
아이를 춤추게 하는 우리 엄마 특별 간식,
일하는 엄마가 만든 아이들을 위한 간식이 여기 있어요.

35

피자 위 샐러드

2인분

요리 시간 20분

Oven 200℃, 7분

재료
토르티야 2장
토마토소스 1/3컵
피자 치즈 1/2컵
파르메산 치즈가루 2
샐러드 채소 2줌
견과류(땅콩, 호두, 잣 등) 2
발사믹 식초 1/2컵
흑설탕 2

대체 식재료
토르티야 ▶ 바게트 또는 식빵, 만두피
토마토소스 ▶ 토마토케첩 또는 머스터드소스

효자 식재료

졸인 발사믹 식초

포도주를 숙성시켜 만든 발사믹 식초에 흑설탕을 넣어 은근한 불에 졸이면 걸쭉해지면서 단맛이 나거든요. 샐러드를 올린 피자 소스로 먹으면 맛있고, 샐러드 드레싱으로도 즐겨 먹어요.

1
토르티야에 토마토소스를 골고루 펴 바르고 피자 치즈와 파르메산 치즈가루를 듬뿍 뿌린다.

팬에 넣고 뚜껑을 덮고 치즈가 녹을 때까지 은근한 불로 구워도 돼요.

2
오븐 용기에 토르티야를 담고 200℃의 오븐에서 치즈가 녹을 때까지 7분 정도 굽는다.

3
샐러드 채소는 찬물에 씻어 물기를 빼고 견과류는 팬에 기름을 두르지 않고 볶아 굵게 다진다.

졸인 발사믹 식초는 대형 마트에서 발사믹 크림이나 발사믹 리덕션이라는 이름으로 판매해요.

4
발사믹 식초에 흑설탕을 넣어 은근한 불에 졸이고 토르티야에 채소를 올린 다음 졸인 발사믹 식초를 뿌리고 견과류를 얹어 돌돌 만다.

36

1
두부는 키친타월로 눌러 물기를 제거해서 2등분한 다음 1cm 두께로 썰어 팬에 식용유를 두르고 앞뒤로 노릇하게 지진다.

2
배추김치, 양파, 마늘은 큼직하게 다지고 방울토마토는 4등분하고 느타리버섯은 밑동을 자르고 가닥가닥 떼어 2cm 길이로 자른다.

3
팬에 식용유를 두르고 마늘, 양파, 배추김치 순으로 볶다가 토마토케첩 2와 칠리소스 0.5를 넣어 볶다가 물 2를 넣고 불을 약하게 줄여 되직하게 3분 정도 졸인 다음 소금과 후춧가루로 간한다.

4
두부 위에 졸인 소스, 느타리버섯, 방울토마토를 올리고 모차렐라 치즈를 뿌려 전자레인지에서 1분 정도 익힌다.

두부 피자

2인분

요리 시간 20분

재료
두부 1모
식용유 적당량
배추김치 100g
양파 1/2개
마늘 2쪽
방울토마토 5개
느타리버섯 100g
토마토케첩 2
칠리소스 0.5
물 2
소금·후춧가루 약간씩
모차렐라 치즈 1컵

대체 식재료
두부 ▶ 절편

37

불고기 피자

2인분

요리 시간 25분

Oven 200℃, 10분

재료

쇠고기(불고기감) 100g
바게트 1/2개
양파 1/4개
피망 1/4개
빨강 피망 1/4개
식용유 적당량
토마토소스 1/2컵
옥수수 1/4컵
피자 치즈 1컵

쇠고기 양념 재료

간장 1
설탕 0.5
다진 파 1
다진 마늘 0.5
참기름 0.5
깨소금·후춧가루 약간씩

1
쇠고기는 잘게 썰어 간장 1, 설탕 0.5, 다진 파 1, 다진 마늘 0.5, 참기름 0.5, 깨소금과 후춧가루를 넣어 조물조물 버무려 10분 정도 재운다.

2
바게트는 동그랗게 썰고 양파, 피망, 빨강 피망은 굵게 다진다.

3
팬에 식용유를 두르고 양파를 볶다가 투명하게 익으면 양념한 불고기를 넣어 볶는다.

4
바게트에 토마토소스를 바르고 불고기와 양파를 올리고 옥수수, 피망, 빨강 피망, 피자 치즈를 얹어 200℃로 예열한 오븐에서 10분 정도 노릇하게 굽는다.

1
닭 안심은 먹기 좋은 크기로 잘라 소금과 후춧가루로 밑간한다.

2
밀가루 1/4컵, 우유 2~3, 케이준 스파이스 0.5, 달걀 1/2개를 섞어 닭 안심에 입히고 시리얼을 앞뒤로 묻혀 170℃의 튀김 기름에 바삭하게 튀긴다.

3
양상추는 먹기 좋은 크기로 손으로 뜯어 찬물에 담갔다가 물기를 빼고 삶은 달걀과 방울토마토는 먹기 좋은 크기로 썬다.

4
녹인 버터 1, 마요네즈 2, 꿀 1, 양겨자 1, 연유 1, 레몬즙 1, 소금 0.5, 후춧가루 약간을 섞어 드레싱을 만들어 곁들인다.

케이준 치킨 샐러드

2인분

요리 시간 35분

재료
닭 안심 6조각
소금·후춧가루 약간씩
튀김기름 적당량
양상추 1/4통
삶은 달걀 1개
방울토마토 3개

튀김옷 재료
밀가루 1/4컵
우유 2~3
케이준 스파이스 0.5
달걀 1/2개
시리얼 적당량

드레싱 재료
녹인 버터 1
마요네즈 2
꿀 1
양겨자 1
연유 1
레몬즙 1
소금 0.5
후춧가루 약간

39

하와이안 햄버그

2인분

요리 시간 20분

재료
양파 1/6개
다진 쇠고기 200g
베이컨 2장
파인애플(통조림) 2개
양상추 2장
슬라이스 치즈 2장
햄버그빵 2개
식용유·머스터드 소스 적당량씩

쇠고기·양파 양념 재료
빵가루 3
우유 1
너트메그·소금·후춧가루 약간씩

대체 식재료
쇠고기 ▶ 돼지고기

효자 식재료

파인애플
파인애플은 비타민이 풍부하여 피로회복에 좋고 소화와 고기를 연하게 하는 성분이 있어 육류 요리에 넣으면 좋아요. 잎이 작고 과육이 단단한 것이 상품이에요. 또 잘랐을 때 향이 강한 것일수록 당도가 높아요.

> 햄버거빵은 팬에 기름을 두르지 않고 살짝 구워 만들 더 맛있어요.

1
양파는 다져 다진 쇠고기와 함께 볼에 넣고 빵가루 3, 우유 1, 너트메그, 소금, 후춧가루를 넣고 간한 후 동글납작하게 빚어 패티를 만든다.

2
팬을 달구어 베이컨과 파인애플을 노릇하게 굽는다.

3
②의 프라이팬에 기름을 두르고 햄버거 패티를 굽는다.

4
햄버거 빵에 머스터드 소스를 바르고 양상추, 패티, 파인애플, 베이컨, 슬라이스 치즈를 얹은 후 햄버그빵을 덮는다.

1
모닝롤은 반으로 자르고 닭 가슴살은 먹기 좋은 크기로 찢는다.

2
닭 가슴살에 크랜베리 20g, 마요네즈 2, 다진 피클 0.3, 다진 양파 1을 넣고 버무려 닭 가슴살 샐러드를 만든다.

3
샐러드 채소는 씻어 물기를 뺀다.

> 아이들이 먹기 편한 어린잎 채소가 좋아요.

4
빵 한 면에 씨겨자를 약간씩 펴 바르고 샐러드 채소를 얹고 닭 가슴살 샐러드를 얹는다.

> 씨겨자 대신 마요네즈나 머스터드소스, 크림치즈 등을 쓰세요.

닭가슴살 크랜베리 샌드위치

2인분

요리 시간 25분

재료
모닝롤 2개
닭 가슴살(통조림) 1/2통
크랜베리 20g
마요네즈 2
다진 피클 0.3
다진 양파 1
샐러드 채소 적당량
씨겨자 약간

41

참치버거 샌드위치

2인분

요리 시간 30분

재료
모닝롤 4개
샐러드 채소 약간
양파 슬라이스 약간
허니 머스터드소스 적당량
튀김기름 적당량

참치 패티 재료
참치(통조림) 1통(150g)
감자(중간 것) 1개
후춧가루 약간
옥수수 2
다진 양파 2
밀가루 약간
달걀물 약간
빵가루 약간

대체 식재료
참치(통조림) ▶ 새우살 또는 오징어살, 흰살 생선,
모닝롤 ▶ 식빵

1
참치는 기름기를 빼서 잘게 부수고 감자는 삶아 으깨어 후춧가루를 넣어 골고루 섞는다.

2
참치, 감자, 옥수수, 다진 양파를 섞어 손바닥 크기로 둥글납작하게 빚는다.

3
참치 패티에 밀가루, 달걀, 빵가루 순으로 튀김옷을 입혀 180℃의 튀김기름에 바삭하게 튀긴다.

4
모닝롤은 반으로 갈라 한 면에 샐러드 채소와 양파 슬라이스를 깔고 참치 패티를 얹고 허니 머스터드소스를 뿌린다.

남은 춘권피는 냉동 보관하고 필요한 만큼만 해동하여 한 장씩 떼어 사용하세요.

1 바나나는 껍질을 벗겨 작게 썰고 파인애플은 굵게 썬다.

2 호두는 다진다.

3 팬에 바나나, 파인애플, 호두를 넣어 볶다가 카레가루 1을 넣어 섞고 소금 약간과 건포도 1을 넣는다.

4 춘권피에 ③을 조금씩 넣어 돌돌 말아 춘권피 끝에 물칠을 하여 붙이고 170℃의 튀김기름에 노릇노릇하게 튀긴다.

과일 춘권튀김

2인분

요리 시간 20분

재료
바나나 1개
파인애플 1개
호두 1
카레가루 1
소금 약간
건포도 1
춘권피 8장
튀김기름 적당량

대체 식재료
호두 ▶ 아몬드, 땅콩

깐풍기

2인분

요리 시간 30분

재료
닭 다리 4개
마른 고추 1개
피망 1/4개
마늘 2쪽
생강 약간
튀김기름 적당량

닭고기 양념 재료
간장 1
청주 1
녹말가루 3

양념 재료
간장 2
식초 3
설탕 2
청주 1
물 1
굴소스 0.3
고추기름 0.3
후춧가루 약간
참기름 0.3

1
닭 다리는 뼈까지 닿도록 세로로 길게 칼집을 내고 살을 펼쳐 칼끝으로 뼈를 발라내어 칼등으로 두드려 넓게 편 다음 2cm 폭으로 썰어 간장 1, 청주 1, 녹말가루 3으로 양념하여 20분 정도 재운다.

2
마른 고추와 피망은 반으로 갈라 씨를 털어내고 큼직하게 썰고 마늘과 생강은 얇게 저미고 간장 2, 식초 3, 설탕 2, 청주 1, 물 1, 굴소스 0.3, 고추기름 0.3, 후춧가루 약간, 참기름 0.3을 섞는다.

3
간이 밴 닭고기를 170℃의 튀김기름에 바삭하게 튀긴다.

4
팬에 식용유를 두르고 마른 고추, 피망, 마늘, 생강을 넣어 약한 불에 볶다가 향이 나면 섞어 놓은 양념을 끓이다가 닭고기를 넣어 3~5분 정도 더 끓인다.

녹말옷은 튀길 때 서로 달라붙을 수 있는데, 일부러 떼어내면 튀김옷이 벗겨지기도 해요. 다 튀기고 나면 떨어지니 튀겨질때까지 기다리세요.

1
닭 가슴살은 손가락 두께로 썰어 청주 1, 달걀 1/4개, 녹말가루 3, 후춧가루 약간을 넣고 버무린다.

2
목이버섯과 표고버섯은 물에 불려 먹기 좋은 크기로 썰고 홍고추와 풋고추는 반으로 갈라 납작하게 썬다. 마른 고추는 가위로 어슷하게 자르고 죽순은 먹기 좋은 크기로 썬다.

3
양념한 닭 가슴살은 170℃의 튀김기름에 노릇노릇하게 튀긴다.

4
팬에 고추기름 1과 스위트 칠리소스 1을 두르고 마른 고추, 다진 파 0.5, 다진 마늘 0.3을 넣어 타지 않게 볶은 다음 청주 2와 채소를 넣어 볶다가 물 2/3컵, 간장 1, 굴소스 1을 넣고 녹말물로 농도를 맞추고 닭고기를 넣어 버무린다.

아이용 라조기

2인분

요리 시간 40분

재료

닭 가슴살 1조각
목이버섯 2개
표고버섯 2개
홍고추 1개
풋고추 1개
마른 고추 1/2개
죽순(통조림) 1통
튀김기름 적당량

닭고기 양념 재료

청주 1
달걀 1/4개
녹말가루 3
후춧가루 약간

양념 재료

고추기름 1
스위트 칠리소스 1
다진 파 0.5
다진 마늘 0.3
청주 2
물 2/3컵
간장 1
굴소스 1
녹말물 약간

45

삼겹살 미니 꼬치구이

2인분

요리 시간 15분

재료
돼지고기 삼겹살 150g
소금·후춧가루 약간씩
깻잎 8장
떡볶이떡 100g
식용유 적당량

대체 식재료
떡볶이떡 ▶ 파프리카 또는 버섯
돼지고기 ▶ 쇠고기

효자 식재료

돼지고기

삼겹살은 국내 생산량이 소비량을 따라가지 못해 다양한 나라에서 냉동 상태로 수입되고 있어요. 국산 돼지고기는 모양이 고르지 않고 붉은색이 선명하며, 수입산은 비교적 검붉은 색을 띤다고 하니 기억하세요.

1
돼지고기는 얇게 썬 삼겹살로 준비하여 소금과 후춧가루로 밑간한다.

카레가루를 뿌려도 좋아요.

2
깻잎은 물에 씻어 3cm 두께로 썬다.

3
삼겹살 위에 깻잎을 얹고 떡볶이떡을 넣어 돌돌 말아 꼬치에 2개씩 꿴다.

4
식용유를 약간만 두른 팬에 삼겹살 꼬치를 넣고 노릇노릇하게 지진다.

삼겹살 꼬치를 팬에 여러 번 구워야 할 때에는 한 번 굽고 나서 키친타월로 팬을 닦아내고 다시 구워야 타지 않고 잘 구워져요.

2인분

요리 시간 35분

재료
닭 가슴살 2조각
소금·후춧가루 약간씩
밀가루 1
피망 1/2개
당근 1/6개
오렌지 1/4개
식용유 적당량

오렌지 소스 재료
버터 1
오렌지즙 1컵
설탕 1.5
레몬즙 1
녹말물 1
소금 약간

대체 식재료
오렌지즙 ▶ 오렌지 주스

1
닭 가슴살은 칼집을 넣어 평평하게 살을 펴서 소금과 후춧가루를 뿌린 다음 밀가루 1을 골고루 뿌린다.

2
피망과 당근은 일정한 두께로 채 썰고 오렌지는 큼직하게 썬다.

3
닭 가슴살에 피망과 당근을 넣어 돌돌 말아 꼬치에 꿰어 식용유를 두른 팬에 굴려가며 노릇노릇하게 지진다.

4
꼬치를 빼내고 닭 가슴살을 2cm 두께로 잘라 그릇에 담는다.

5
냄비에 버터 1, 오렌지즙 1컵, 설탕 1.5, 레몬즙 1을 넣어 끓이다가 잘라놓은 오렌지를 넣어 10분 정도 졸인다.

6
오렌지 소스에 녹말물 1을 넣어 걸쭉하게 농도를 맞추고 소금으로 간하여 치킨구이에 곁들인다.

효자 식재료

오렌지
닭고기나 오리 등의 가금류 요리에는 단맛이 나는 오렌지나 자몽 소스가 잘 어울려요. 그러나 첨가물이 들어간 오렌지 주스보다는 신선한 오렌지즙을 이용하는 것이 좋아요.

오렌지맛 치킨구이

47

치킨 트위스터

2인분

요리 시간 30분

재료
토르티야 2장
닭 안심 4조각
양상추 2장
치커리 1/3줌
노랑 파프리카 1/4개
빨강 파프리카 1/4개

닭고기 양념 재료
청주 0.5
케이준 파우더 0.5
식용유 1
소금·후춧가루 약간씩

소스 재료
다진 피클 2
다진 양파 2
마요네즈 2
머스터드소스 0.5

효자 식재료

토르티야
밀가루나 옥수수가루에 소금 등을 넣어 만든 얇은 빵. 트위스터나 롤을 만들거나 피자 도우 대신 토르티야를 사용하면 간편해요. 대형 마트에서 냉동 상태로 구입하여 한 번 먹을 분량씩 나누어 보관했다가 사용하세요.

먹기 좋게 잘라 독특한 접시에 담아주면 더 잘 먹어요.

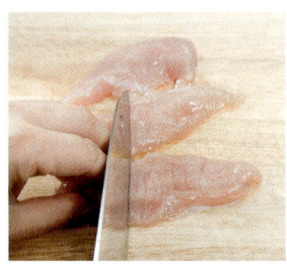

1 닭고기는 안심으로 준비하여 물기를 제거하고 칼집을 낸 다음 청주 0.5, 케이준 파우더 0.5, 식용유 1, 소금과 후춧가루 약간 씩으로 밑간하여 팬에 굽는다.

2 양상추와 치커리는 먹기 좋은 크기로 손으로 뜯고 노랑 파프리카와 빨강 파프리카는 채 썬다.

3 다진 피클 2, 다진 양파 2, 마요네즈 2, 머스터드소스 0.5를 섞어 소스를 만든다.

4 토르티야 위에 채소와 닭고기를 올리고 소스를 뿌린 다음 잘 말아 래핑해서 고정했다가 먹기 좋게 썰어 낸다.

48

2인분

요리 시간 30분

재료
가래떡 1줄
양파 1/4개
표고버섯 1개
식용유 적당량
다진 쇠고기 200g
빵가루 1/4컵

양념장 재료
간장 2
설탕 1
맛술 0.5
다진 파 1
다진 마늘 0.5
참기름 0.5
후춧가루 약간

대체 식재료
쇠고기 ▶ 돼지고기 또는 닭고기, 새우살

1. 가래떡은 5cm 길이로 썰어 물에 담가 부드럽게 불린다. (말랑말랑한 가래떡은 그대로 사용하세요.)

2. 양파와 표고버섯은 곱게 다져 팬을 달구어 식용유를 두르고 볶아 식힌다.

3. 볼에 쇠고기, 간장 2, 설탕 1, 맛술 0.5, 다진 파 1, 다진 마늘 0.5, 참기름 0.5, 후춧가루 약간을 넣고 버무린 다음 다진 양파, 표고버섯, 빵가루를 넣고 섞어 치댄다. (끈기 있게 잘 치대야 구웠을 때 모양이 매끈해요.)

4. 손에 식용유를 약간 바르고 반죽한 쇠고기를 넓게 펴고 가래떡을 올려 돌돌 만다.

5. 팬에 식용유를 두르고 굴려가며 익힌 다음 뚜껑을 덮어 속까지 익힌다. (200℃로 예열한 오븐에서 10~15분 정도 구워도 돼요.)

6. 아이들이 먹기 좋도록 나무꼬치에 꿴다.

떡을 넣은 꼬치 미트로프

효자 식재료

표고버섯

비타민이 풍부하여 성장기 아이에게 좋은 식재료이지만, 대부분의 아이들이 채소와 버섯을 먹으려 하지 않아 엄마들은 속을 끓이지요. 아이 모르게 표고버섯을 잘게 다져 넣거나 가루 내어 찌개나 나물 등에 넣어 먹이세요.

49 바비큐 폭찹

2인분

요리 시간 30분

재료
돼지고기 등심 200g
소금·후춧가루 약간씩
밀가루 2
식용유 적당량
양상추 약간
다진 파슬리 약간

바비큐 소스 재료
양파 1/4개
양송이버섯 2개
버터 1
황설탕 1
식초 0.5
토마토케첩 6
우스터소스 0.5
핫소스 0.5
물 1컵

대체 식재료
돼지고기 등심 ▶
돼지고기 안심, 돈가스용 돼지고기

효자 식재료

돼지고기
풍부한 지질은 칼로리가 높은 우수한 에너지원이며 뇌의 지적 활동에 없어서는 안되는 중요한 성분이에요. 삼겹살만 구워 먹이지 마시고, 찜이나 조림, 튀김 등 다양한 조리법으로 성장기 아이들의 입맛을 잡으세요.

1 돼지고기 등심은 0.5cm 두께로 썰어 소금과 후춧가루로 밑간한다.

> 밀가루가 약간 눅눅해졌을 때 지져야 타지 않고 잘 익고 돼지고기도 부드러워요.

2 돼지고기의 앞뒤로 밀가루를 얇게 고루 묻힌 다음 밀가루가 약간 눅눅해지면 팬에 식용유를 두르고 갈색이 나도록 지진다.

3 양파 1/4개와 양송이버섯 2개는 곱게 다진다.

4 팬에 버터를 두르고 양파와 양송이버섯을 넣어 볶다가 노릇한 색이 돌면 황설탕 1, 식초 0.5, 토마토케첩 6, 우스터소스 0.5, 핫소스 0.5, 물 1컵을 넣는다.

5 소스가 끓어오르면 지진 돼지고기를 넣어 약한 불로 뭉근하게 조린다.

6 접시에 고기를 담고 팬에 남은 소스를 고루 끼얹은 다음 양상추를 곁들이고 다진 파슬리를 뿌린다.

50

1
오징어는 다리를 잡아당겨 내장을 꺼내 잘라내고 다리는 위에서 아래로 훑어가면서 깨끗이 씻고 몸통은 가르지 말고 통으로 껍질을 벗긴다.

끓는 물에 살짝 데치면 튀길 때 기름이 튀지 않아요.

2
오징어를 0.5cm 두께의 링 모양으로 썰어 끓는 물에 살짝 데쳐 소금과 후춧가루로 밑간한다.

3
튀김가루 1/2컵과 얼음물 1/4컵을 섞어 오징어에 튀김옷을 입힌다.

튀김옷이 약간 걸쭉해야 아몬드가루와 흑임자를 입히기 쉬워요.

4
오징어에 아몬드가루와 검은깨를 각각 골고루 묻힌 다음 170℃의 튀김기름에 노릇노릇하게 튀긴다.

오징어링 튀김

2인분

요리 시간 25분

재료
오징어 1마리
소금·후춧가루 약간씩
아몬드가루·검은깨 약간씩
튀김기름 적당량

튀김옷 재료
튀김가루 1/2컵
얼음물 1/4컵

대체 식재료
오징어 ▶ 생멸치 또는 새우

효자 식재료

오징어
우수한 단백질이 풍부하여 영양가가 높은 식품이에요. 그러나 강한 산성 식품이라 알칼리성인 채소와 곁들여 먹는 게 좋아요. 오징어링튀김을 간식으로 줄 때는 번거롭더라도 아이들이 좋아하는 채소를 찌거나 오븐에 구워 함께 먹이세요.

51

양파링 튀김

2인분

요리 시간 25분

재료
양파 1개(200g)
달걀 1개
소금·후춧가루 약간씩
튀김가루 2
빵가루 1컵
튀김기름 적당량

대체 식재료
양파 ▶가지

양파는 안쪽의 작은 것은 다져서 다른 요리에 사용하세요.

1
양파는 껍질을 벗기고 씻어 키친타월로 물기를 닦아 1cm 두께의 링 모양으로 썰어 낱낱이 떼어놓는다.

2
그릇에 달걀을 풀고 소금과 후춧가루로 간한다.

3
양파링에 튀김가루를 얇게 묻혀 달걀물에 담갔다가 빵가루를 손으로 꼭꼭 눌러가며 고루 묻힌다.

4
튀김옷을 입힌 양파링을 180℃의 튀김기름에 바삭하게 튀겨 나무 채반이나 키친타월에 얹어 기름기를 뺀다.

> 감자는 표면이 매끄럽고 단단한 것으로 고르세요.

> 허브 솔트는 소금을 빻아 마른 바질이나 파슬리 등의 허브를 섞으면 돼요.

> 오븐은 높은 열에서 조리하므로 열에 강한 내열유리를 사용하세요.

1 감자는 껍질째 흐르는 물에 깨끗이 씻어 반달 모양으로 10~12등분한다.

2 블랙 올리브는 링 모양으로 편으로 썬다.

3 오븐 용기에 감자를 얹고 허브 솔트 1과 올리브오일 1을 뿌리고 고루 섞는다.

4 피자 치즈 1/2컵과 블랙 올리브를 뿌리고 230℃의 오븐에서 10~15분 정도 굽는다.

치즈 감자구이

2인분

요리 시간 20분

Oven 230℃, 10~15분

재료
감자 2개
블랙 올리브 2개
허브 솔트 1
올리브오일 1
피자 치즈 1/2컵

대체 식재료
감자 ▶ 고구마, 단호박

효자 식재료

감자
식이섬유인 펙틴이 풍부하여 변비 치료에 효과적이에요. 그러나 아미노산 중 메티오닌 함량이 적으므로 우유나 치즈와 함께 먹어야 영양 효율을 높일 수 있어요.

53

고구마 크로켓

2인분

요리 시간 25분

재료
고구마 2개
버터 2
소금 약간
롤 치즈 1줄
튀김기름 적당량

튀김옷 재료
밀가루 2
달걀 1개
빵가루 1/2컵

대체 식재료
롤 치즈 ▶ 모차렐라 치즈

효자 식재료

식물성 기름

포도씨유는 성인병을 예방하는 항산화 성분을 포함하고 있고 카놀라유는 식물성 기름 중 혈중 콜레스테롤 수치를 높이는 포화지방이 가장 적게 들어 있어요. 튀김기름용으로는 포도씨유와 카놀라유가 적당해요.

찜통에 쪄도 돼요.

1
고구마는 씻어 껍질째 푹 삶아 껍질을 벗기고 뜨거울 때 으깨어 버터 2를 넣고 섞은 다음 소금으로 간한다.

2
롤 치즈는 1cm 두께로 자른다.

3
고구마를 한 숟가락씩 큼직하게 떠서 롤 치즈를 넣어 크로켓 모양으로 만든다.

튀김기름에 빵가루가 떨어지면 타기 쉬우므로 튀기는 중간 중간 고운체로 빵가루를 걸러내세요.

4
밀가루 2, 달걀 1개, 빵가루 1/2컵 순으로 튀김옷을 입혀 180℃의 튀김기름에 노릇하게 튀긴다.

64 Chapter 2 · 아이 간식

54

2인분

요리 시간 30분

재료
가래떡 2줄
표고버섯 2개
느타리버섯 30g
다진 쇠고기 50g

쇠고기 양념 재료
간장 0.5
설탕 0.3
다진 파 1
다진 마늘 0.3
참기름·후춧가루 약간씩

양념 재료
간장 2
물엿 1.5
청주 1
물 1/2컵

> 딱딱한 떡은 끓는 물에 살짝 데쳐 사용해요

1 가래떡은 2cm 길이로 썰어 열 십자로 칼집을 넣는다.

2 표고버섯은 밑동을 잘라내어 곱게 다지고 느타리버섯은 곱게 다진다.

3 다진 쇠고기에 간장 0.5, 설탕 0.3, 다진 파 1, 다진 마늘 0.3, 참기름과 후춧가루 약간씩을 넣어 조물조물 무친다.

4 양념한 쇠고기에 표고버섯과 느타리버섯을 넣어 섞는다.

5 가래떡의 칼집에 ④를 꾹꾹 채워 넣는다.

6 냄비에 간장 2, 물엿 1.5, 청주 1, 물 1/2컵을 넣고 끓으면 떡을 넣어 은근한 불로 국물을 끼얹으며 5분 정도 익힌다.

효자 식재료

가래떡

요즘 갖가지 천연재료로 색을 낸 다양한 색깔의 가래떡을 만날 수 있어요. 평소 먹는 음식과 다른 모양과 색을 지닌 요리에 아이들은 민감하게 반응하거든요. 다양한 색의 가래떡으로 아이들의 오감을 만족시키세요.

떡 버섯찜

55

두부 햄 커틀릿

2인분

요리 시간 30분

재료
두부 1/2모
소금·후춧가루 약간씩
햄(통조림) 1통
밀가루 1/4컵
달걀 1개
소금 약간
빵가루 1컵
검은깨 1
튀김기름 적당량

칠리소스 재료
토마토케첩 1/4컵
핫소스 1
다진 양파 1
물 2

대체 식재료
햄 ▶ 얇게 썬 쇠고기나 돼지고기, 포를 뜬 생선살

효자 식재료

두부

1년 내내 구할 수 있는 만만한 먹을거리로 영양은 풍부하지만 소화력은 떨어지는 단점을 지닌 콩을 두부로 만들면 소화가 잘돼요. 훌륭한 단백질 공급원인 두부를 이용한 다양한 간식을 만들어 아이들의 입맛을 잡고, 건강도 챙기세요.

1
두부는 1cm 두께로 썰어 소금과 후춧가루를 뿌려 5분 정도 두었다가 키친타월로 물기를 제거한다.

2
햄은 얇게 썰어 두부 크기로 잘라 두부의 양쪽에 포갠 다음 밀가루를 골고루 입힌다.

3
달걀에 소금을 약간 넣고 잘 풀어 두부와 햄을 넣어 달걀물을 입힌다.

꼭꼭 눌러야 빵가루가 식용유에 떨어지지 않아 깔끔하게 튀겨져요

4
빵가루와 검은깨를 섞은 다음 ③을 넣어 꼭꼭 눌러가며 빵가루를 묻힌다.

5
180℃의 튀김기름에 노릇노릇하게 튀긴다.

6
냄비에 토마토케첩 1/4컵, 핫소스 1, 다진 양파 1, 물 2를 끓여 칠리소스를 만들어 곁들인다.

56

1
따끈한 밥에 소금과 참기름을 섞은 다음 토마토케첩을 섞어 얼굴색을 만들어 동글납작한 모양으로 단단하게 뭉친다.

2
방울토마토와 블랙 올리브는 반으로 자른다.

김 오리기는 엄마가 도와주세요.

3
모양찍개를 이용해 슬라이스 햄을 찍고 김은 눈썹과 눈, 입 모양으로 오린다.

4
밥 위에 방울토마토, 블랙 올리브, 김, 햄을 이용해 장식하고 치커리를 적당한 길이로 잘라 머리를 장식한다.

빨간 코 호떡맨

1인분

요리 시간 10분

재료
밥 1공기
소금·참기름 약간씩
토마토케첩 1

장식 재료
방울토마토·블랙 올리브 약간씩
슬라이스 햄·김·치커리 약간씩

도시락의 모양을 처음처럼 유지하고 싶다면 용기의 빈 공간에 도시락과 어울릴 만한 채소나 반찬, 과일을 넣어 고정시키세요.

67

57

캐릭터 케이크 야옹이

8인분

요리 시간 60분

Oven 170℃, 25분

재료
달걀 3개
설탕 100g
물엿 30g
박력분 100g
우유 30㎖
식용유 10㎖

장식용 재료
생크림 약간
여러 가지 색소 약간
초콜릿 막대 과자 약간
제철 과일 약간

대체 식재료
색소 ▶ 여러 가지 천연가루

1
볼에 달걀, 설탕, 물엿을 넣어 거품을 낸다.

2
거품이 잘 나면 체에 내린 박력분을 넣어 섞다가 우유와 식용유를 넣어 섞은 다음 케이크 틀에 부어 170℃로 예열한 오븐에서 25분 정도 굽는다.

3
생크림은 거품을 내어 일부에만 빨강 천연색소와 검은 천연색소를 약간씩 넣어 섞는다.

4
케이크 시트를 반으로 갈라 1장에만 색소를 섞지 않은 흰 생크림을 바르고 손질한 제철 과일을 얹고 나머지 1장으로 덮는다.

5
핑크색 천연색소를 넣은 생크림을 케이크 시트에 평평하게 바르고 나무 꼬치로 케이크 윗면에 야옹이 얼굴선을 그린다.

6
짤주머니에 여러 가지 색을 낸 생크림을 넣고 얼굴선을 따라 그리고 초콜릿 막대 과자와 과일로 장식한다.

58

6인분

요리 시간 50분

Oven 180℃, 40분

재료
양파 1/2개
박력분 150g
베이킹파우더 3g
바닐라 에센스 약간
버터 120g
설탕 120g
소금 2g
달걀 2개
혼합채소(당근, 옥수수, 완두콩, 피망 등) 1/2컵

1 양파는 껍질을 벗겨 잘게 다진다.

2 박력분에 베이킹파우더를 섞어 체에 친다.

3 실온에 둔 버터를 거품기로 부드럽게 저어 설탕 120g을 두세 번에 나누어 넣으면서 소금을 넣고 부드럽게 섞는다.

> 달걀을 한꺼번에 넣으면 버터와 분리되기 쉬우므로 조금씩 나눠 넣으세요.

4 달걀에 바닐라 에센스를 잘 풀어서 ③에 조금씩 넣으면서 크림화시킨다.

5 ④에 체 친 박력분을 넣고 가볍게 섞은 다음 다진 양파와 혼합채소를 넣고 섞는다.

> 용기의 크기에 따라 오븐에서 굽는 시간은 달라질 수 있어요. 나무 꼬치로 가운데를 찔러보아 묻어나지 않으면 다 익은 것이에요.

6 파운드틀에 종이를 깔고 반죽을 70% 정도 채워 180℃로 예열한 오븐에서 40분 정도 굽는다.

양파 파운드 케이크

효자 식재료

밀가루

대표적인 수입 식품인 밀가루를 아이에게 먹이기 찜찜하다면 우리 밀로 만든 밀가루나 유기농 밀가루, 통밀가루를 구입해서 케이크나 쿠키, 빵을 만드세요.

59

모양 컵케이크

6인분

요리 시간 40분

Oven 170℃, 20~25분

재료
버터 120g
설탕 110g
달걀 2개
박력분 110g
코코아가루 35g
베이킹파우더 1작은술
소금 약간
우유 40g
초코칩 90g
생크림 1컵
여러 가지 식용색소
장식용 초콜릿 6개

대체 식재료
코코아가루 ▶ 치즈가루 또는 딸기가루, 녹차가루

1
실온에 두었던 버터는 부드럽게 저어 설탕 110g을 두세 번에 나누어 넣으면서 잘 녹인다.

2
①에 달걀 2개를 두세 번에 나누어 넣으면서 부드럽게 섞는다.

3
박력분, 코코아가루, 베이킹파우더, 소금을 체에 쳐서 ②에 넣어 섞는다.

4
③에 우유와 초코칩을 넣어 짤주머니에 채운다.

5
머핀틀에 반죽을 70% 정도 채우고 170℃로 예열한 오븐에서 20~25분 정도 구워 식힌다.

6
생크림은 거품을 내어서 갈고리 모양의 거품이 만들어지면 식용색소로 2~3가지 색깔을 만들어 장식한 다음 초콜릿을 얹는다.

머핀은 완전히 식힌 다음 장식해야 생크림이 녹지 않아요.

60

6인분

요리 시간 35분

Oven 180℃, 10~12분

재료
버터 60g
다크 초콜릿 60g
달걀 1/2개
설탕 60g
박력분 80g
코코아가루 1큰술
베이킹파우더 1/2작은술
베이킹 소다 1/3작은술
슈거파우더 30g

대체 식재료
코코아가루 ▶ 치즈가루

> 중탕으로 녹일 때 아래 냄비의 물이 끓어서 버터와 초콜릿에 들어가지 않도록 조심하세요.

1 버터와 다크 초콜릿은 중탕냄비에 넣어 녹인다.

2 달걀은 풀어 거품을 내고 설탕을 넣어 거품을 올린다.

> 다크 초콜릿은 초콜릿을 넣은 간식에 두루 활용할 수 있는데 베이킹 재료상에서 판매해요.

3 ②에 중탕으로 녹인 버터와 다크 초콜릿을 부어가며 섞는다.

4 박력분, 코코아가루, 베이킹파우더, 베이킹 소다를 체에 쳐 ③에 넣어 섞는다.

> 같은 크기로 둥글게 빚어야 구울 때 익는 시간이 같아 타거나 설익지 않아요.

5 반죽을 비닐에 싸서 냉장실에 넣어 30분 정도 휴지시킨다.

> 슈거파우더를 입혀서 바로 굽지 않으면 슈거파우더가 녹아서 모양이 안 예뻐요.

6 휴지시킨 반죽을 둥글게 빚어 슈거파우더 30g을 골고루 묻히고 180℃로 예열한 오븐에서 10~12분 정도 굽는다.

효자 식재료

초콜릿

초콜릿은 카카오매스와 코코아버터를 섞어 만드는데 카카오매스의 함량과 재료 배합에 따라 종류가 달라져요. 카카오매스의 함량이 적은 다크 초콜릿, 유지방분을 많이 넣은 밀크 초콜릿, 카카오매스를 넣지 않은 화이트 초콜릿이 있어요.

초코 크랙 쿠키

61

대추 약식

2인분

요리 시간 40분

재료
찹쌀 2컵
밤 5개
대추 20개
물 4컵
호박씨 1
잣 1

양념 재료
간장 2
참기름 2
흑설탕 1/3컵
대추고 2컵

대체 식재료
밤 ▶ 단호박, 고구마

> 대추고를 만들 때 물이 졸아들면 뜨거운 물을 더 넣고 끓여 대추를 으깨어 거른 물이 2컵 정도가 되도록 준비하세요.

1
찹쌀은 씻어 4시간 정도 불려 물기를 빼고 밤은 껍질을 벗기고 먹기 좋은 크기로 썬다.

2
대추는 돌려깎기해 씨를 발라 내고 물 4컵을 넣어 푹 끓여 체에 걸러 대추고를 만든다.

3
냄비에 간장 2, 참기름 2, 흑설탕 1/3컵, 대추고 2컵을 넣고 흑설탕이 녹을 만큼만 살짝 끓인다.

4
준비한 재료를 한데 섞어 솥에 고슬고슬하게 밥을 지어 주걱으로 대강 섞은 다음 호박씨와 잣을 넣고 모양틀로 찍는다.

1
한천은 찬물에 20분 정도 불려 물기를 뺀다.

2
토마토는 껍질을 벗기고 썰어 믹서에 물 1/2컵을 넣어 곱게 간다.

3
토마토에 한천을 넣어 은근한 불에서 녹인다.

4
한천이 녹으면 소금과 설탕을 넣어 저은 다음 흰 앙금을 넣어 바닥에 눌어붙지 않도록 잘 저어 용기에 담아 굳혀 먹기 좋은 크기로 썬다.

2인분

요리 시간 30분

재료
한천 10g
토마토 3개
소금 약간
설탕 200g
흰 앙금 100g

대체 식재료
한천 ▶ 가루 한천

토마토 양갱

63

엄마표 치즈

6인분

요리 시간 30분

재료
우유 1ℓ
생크림 500㎖
레몬즙 1개분
소금 1

Another Recipe
파인애플 치즈딥

요리 시간 5분

재료 파인애플 슬라이스 1조각, 파프리카 약간, 엄마표 치즈 1/2컵, 우유 약간

파인애플과 파프리카는 곱게 다지고 엄마표 치즈는 부드럽게 저어 파인애플과 파프리카를 섞고 우유로 농도를 부드럽게 맞추세요.

1
우유와 생크림을 냄비에 넣어 중간 불에서 끓여 끓기 시작하여 약한 불로 줄이고 3분 정도 끓인다.

2
레몬즙과 소금을 넣어 섞는다.

3
우유가 몽글몽글해지면 10분 정도 그대로 둔다.

4
면포에 걸러 누름돌로 눌러 10분 정도 두었다가 냉장고에서 굳힌다.

> 식빵은 통밀식빵을 구입하거나 두꺼운 식빵을 사용하세요. 식빵 모서리는 잘라내지 않아도 돼요.

> 우유 대신 생크림을 넣으면 더 부드러워요.

1 식빵의 옆면에 가로로 칼집을 넣고 모서리를 잘라내고 바나나는 납작하게 썬다.

2 크림치즈를 포크나 거품기로 잘 으깨어 부드럽게 풀고 우유와 달걀을 잘 섞고 소금으로 간한다.

3 식빵에 난 칼집 부분에 바나나와 크림치즈를 채워 넣는다.

4 ③의 우유 달걀물에 식빵을 담갔다가 건져 팬에 버터를 두르고 지져 식빵의 가장자리를 잘라내고 적당한 크기로 잘라 슈거파우더를 뿌린다.

64

바나나 프렌치 토스트

2인분

요리 시간 20분

재료
식빵(2~3cm 두께) 2장
바나나 1개
크림치즈 2
우유 1/2컵
달걀 1개
소금 약간
버터 약간
슈거파우더 약간

대체 식재료
우유 ▶ 생크림

효자 식재료

식빵
바쁜 엄마가 가장 쉽게 만들어줄 간편 간식 재료. 요즘에는 건강한 곡물 식빵이나 호밀식빵, 우리밀식빵 등 선택의 폭이 넓어졌어요.

65

딸기 프로즌 요구르트

2인분

요리 시간 1시간

재료
냉동 딸기 300g
플레인 요구르트 1/2컵
레몬 절임 1

대체 식재료
냉동 딸기 ▶ 냉동 블루베리, 크랜베리 등의 냉동 과일

효자 식재료

레몬

비타민 C의 상징인 레몬. 레몬은 모두 수입되는 줄 알고 있었는데 제주도에서도 레몬을 생산한다 하네요. 국산 레몬은 향기가 진하고 껍질이 두꺼운 것이 특징이라고 해요. 수입산 레몬을 구입했다면 왁스가 묻은 껍질은 흐르는 물에 굵은소금으로 문질러 씻어 끓는 물에 살짝 데쳐 사용하세요.

1
푸드 프로세서에 냉동 딸기, 플레인 요구르트, 레몬 절임을 넣어 곱게 간다.

2
냉동실에 넣어 20분 정도 얼려 아이스크림 스쿠퍼를 이용해 그릇에 담아내거나 과자 등에 올린다.

> 레몬 절임은 설탕과 레몬을 1:1로 절여 일주일 정도 두면 되는데 이때 설탕이 녹아 시럽처럼 돼요

1

냄비에 팥 1/4컵을 넣고 물 1컵을 부어 3분 정도 삶아 첫 물은 따라 버리고 다시 물 4컵을 부어 약한 불로 은근히 삶는다.

2

팥이 부드럽게 삶아지면 설탕 2, 물엿 1, 소금 약간을 넣어 10분 정도 약한 불로 졸여 완전히 식힌다.

우유는 물처럼 단단하지 않아 실온에 잠깐 두면 방망이로 쉽게 부서져요.

3

우유는 팩째 얼려 껍질을 벗기고 빙수기에 갈거나 방망이로 부순다.

4

그릇에 우유 얼음을 담고 제철 과일은 먹기 좋게 썰어 얹고 팥조림과 콘플레이크를 얹는다.

도련님 우유 빙수

2인분

요리 시간 30분

재료
우유(200㎖) 1개
팥조림 4
제철 과일 100g
콘플레이크 2

팥조림 재료
팥 1/4컵
설탕 2
물엿 1
소금 약간

대체 식재료
콘플레이크 ▶ 견과류

67

초콜릿 아이스크림

4인분

요리 시간 1시간

재료
바닐라 빈 1/4개
우유 1컵
생크림 1컵+1/2컵
달걀노른자 2개분
설탕 5
다크 초콜릿 100g
우유 약간

대체 식재료
다크 초콜릿 ▶ 과일

효자 식재료

다크 초콜릿

초콜릿은 아이들이 좋아하는데요. 어른이 먹어도 건강에 좋다고 해요. 초콜릿을 정기적으로 먹은 사람이 체질량지수가 낮아 다이어트에 도움이 된다는 '타임'지 기사를 읽은 적이 있어요.

1
바닐라 빈은 세로로 반 갈라 칼로 속을 긁어낸 다음 바닐라 빈 껍질, 우유, 생크림과 함께 냄비에 넣는다.

2
냄비 바닥에 눌어붙지 않도록 저으면서 우유와 생크림이 뜨거워지면 불을 끄고 10분 정도 지나면 바닐라 빈 껍질은 꺼낸다.

너무 뜨거울 때 부으면 달걀노른자가 익을 수도 있으니 식혀 넣으세요.

3
볼에 달걀노른자와 설탕을 넣어 거품기로 옅은 노란색이 나도록 잘 저은 다음 ②를 조금씩 부어 골고루 섞는다.

다크 초콜릿은 잘게 다져 넣으면 빨리 녹아요.

4
중탕냄비에 ③을 올려 주걱으로 저으면서 다크 초콜릿을 넣어 나무 주걱으로 떠서 손가락으로 긁었을 때 주걱에 자국이 남을 정도의 농도가 되면 식힌다. 용기에 넣어 얼린 다음 푸드 프로세서에 우유와 함께 넣어 간다.

INDEX

가나다순

가
감자전 … 31
게살 치즈 달걀말이 … 33
고구마 기장죽 … 26
고구마 크로켓 … 64
과일 춘권튀김 … 53
깐풍기 … 54
꼬투리 김밥 … 12

다
다시마 잡채 … 43
단호박 수제비 … 25
달걀 오믈렛과 버섯불고기 도시락 … 20
닭가슴살 크랜베리 샌드위치 … 51
닭 마늘조림 … 39
대추 약식 … 72
도련님 우유 빙수 … 77
두부 강정 … 40
두부 피자 … 47
두부 햄 커틀릿 … 66
딸기 프로즌 요구르트 … 76

떡 버섯찜 … 65
떡을 넣은 꼬치 미트로프 … 59

마
마른 홍합미역국 … 28
모둠 채소조림 … 38
모양 컵케이크 … 70
모자이크 냉이김밥 … 19

바
바나나 프렌치 토스트 … 75
바비큐 폭찹 … 60
밤고기 완자조림 … 37
보들보들 달걀찜 … 34
북어 감자국 … 29
불고기 피자 … 48
붕어 모양밥과 닭고기 채소조림 도시락 … 21
빨간 코 호떡맨 … 67

사
삼겹살 미니 꼬치구이 … 56
쇠고기 브로콜리 볶음밥 … 16

스마일 라이스 오믈렛 … 42

아
아이용 라조기 … 55
양파 파운드케이크 … 69
양파링튀김 … 62
엄마표 치즈 … 74
연어 소보로밥 … 18
오렌지맛 치킨구이 … 57
오이 백김치 … 35
오징어링튀김 … 61
유부 보따리 … 44
유부맑은국 … 27

자
잣 베이컨 볶음밥 … 15
쟁반 짜장 … 23
조개 쑥국 … 30

차
참치 깻잎 김밥 … 13
참치 두부부침 … 32
참치버거 샌드위치 … 52

초코 크랙 쿠키 … 71
초콜릿 아이스크림 … 78
축구공 주먹밥 … 17
치즈 감구이 … 63
치킨 트위스터 … 58

카
캐릭터 케이크 야옹이 … 68
케이준 치킨 샐러드 … 49
코다리 간장조림 … 36
콩가루말이 밥 … 11
콩나물 채소만두 … 41

타
토마토 볶음밥 … 14
토마토 양갱 … 73

파·하
파스타 그라탱 … 22
팟타이 … 24
피자 위 샐러드 … 46
하와이안 햄버그 … 50

INDEX

조리법순

밥·죽
고구마 기장죽 … 26
꼬투리 김밥 … 12
모자이크 냉이김밥 … 19
빨간 코 호떡맨 … 67
쇠고기 브로콜리 볶음밥 … 16
스마일 라이스 오믈렛 … 42
연어 소보로밥 … 18
잣 베이컨 볶음밥 … 15
참치 깻잎 김밥 … 13
축구공 주먹밥 … 17
콩가루말이 밥 … 11
토마토 볶음밥 … 14

국·전골
마른 홍합미역국 … 28
북어 감자국 … 29
유부보따리 … 44
유부맑은국 … 27
조개 쑥국 … 30

면요리
쟁반 짜장 … 23

파스타 그라탱 … 22
팟타이 … 24

피자
두부 피자 … 47
불고기 피자 … 48
피자 위 샐러드 … 46

샌드위치
닭가슴살 크랜베리 샌드위치 … 51
참치버거 샌드위치 … 52

튀김
고구마 크로켓 … 64
과일 춘권튀김 … 53
깐풍기 … 054
두부 강정 … 040
두부 햄 커틀릿 … 66
아이용 라조기 … 55
양파링튀김 … 62
오징어링튀김 … 61

조림
닭 마늘조림 … 039

모둠 채소조림 … 38
바비큐 폭찹 … 60
밤고기 완자조림 … 37
코다리 간장조림 … 36

찜
떡 버섯찜 … 65
보들보들 달걀찜 … 34
콩나물 채소만두 … 41

전·구이
감자전 … 31
게살 치즈 달걀말이 … 33
떡을 넣은 꼬치 미트로프 … 59
바나나 프렌치 토스트 … 75
삼겹살 미니 꼬치구이 … 56
오렌지맛 치킨구이 … 57
참치 두부부침 … 32
치즈 감구이 … 63
하와이안 햄버그 … 50

베이킹
모양 컵케이크 … 70
양파 파운드케이크 … 69

초코 크랙 쿠키 … 71
캐릭터 케이크 야옹이 … 68

음료와 디저트
대추 약식 … 72
도련님 우유 빙수 … 77
딸기 프로즌 요구르트 … 76
엄마표 치즈 … 74
초콜릿 아이스크림 … 78
토마토 양갱 … 73

기타
다시마 잡채 … 43
단호박 수제비 … 25
달걀 오믈렛과 버섯불고기
도시락 … 20
붕어 모양밥과 닭고기 채소조림
도시락 … 21
오이 백김치 … 35
치킨 트위스터 … 58
케이준 치킨 샐러드 … 49

요리연구가 이미경

시골 농가를 얻어 텃밭을 가꾸며 건강한 시골 음식을 연구하는 요리연구가로
쿠킹 스튜디오 '네츄르먼트'를 운영하고 있다. '마트에서 구할 수 있는 친근한 식재료에
다섯 가지 과정을 넘기지 않고 갖은 양념을 배제한 심플하고 건강한 음식'이 그녀의 요리 철학이다.
대학에서 요리를 배우고 인도 간디 자연치료 센터, 북인도 쿠킹 클래스를 연수했으며,
동양매직 요리학원장과 선재사찰음식문화연구원 수석연구원, 식문화 월간지 '쿠켄'의 요리연구소장으로 일했다.

지금까지 만든 요리책으로는 〈도시맘의 시골밥상〉〈아이 요리〉〈국민 야참〉
〈두콩달-두부 한 모, 콩나물 한 봉지, 달걀 한 팩〉〈밥먹는 카페〉〈카페 푸드 스쿨〉 등이 있다.

이미경의 자연밥 http://blog.naver.com/poutian

우리 아이
잘 먹게 해주세요

초판 1쇄 | 2014년 9월 22일

지은이 | 이미경

발행인 겸 편집인 | 유철상
편집 | 조경자
사진 | 황승희
디자인 | Luna Design
마케팅 | 조종삼, 남유니

펴낸 곳 | 상상출판
주소 | 서울시 동대문구 정릉천동로 58, 306호(용두동, 롯데캐슬피렌체)
구입·내용 문의 | 전화 070-8886-9892~3 팩스 02-963-9892
이메일 | cs@esangsang.co.kr
등록 | 2009년 9월 22일(제305-2010-02호)
찍은 곳 | 다라니

※ 가격은 뒤표지에 있습니다.

ISBN 978-89-94799-90-2(13590)

© 2014 이미경

※ 이 책은 상상출판이 저작권자와의 계약에 따라 발행한 것이므로
  본사의 서면 허락 없이는 어떠한 형태나 수단으로도 이용하지 못합니다.
※ 잘못된 책은 구입한 곳에서 바꿔드립니다.

www.esangsang.co.kr